BBQ
Basics

Grillen schnell zu entfachen

um die Lust aufs

Alles, was man braucht,

Cornelia Schinharl   Sebastian Dickhaut

BBQ Basics
Inhalt

Basic Rezepte

Basic Know-how

Ich bin dann mal so frei

Wer grillt, darf alles, muss aber nicht alles können. Entspannen reicht erst mal. Zur Belohnung gibt's Abenteuer mit Aroma.

Grillen hat so was Befreiendes. Das Wetter ist toll, die Küche bleibt zu, wir können Schuhe wie Töpfe im Schrank lassen und dafür schön geschmacklose Schürzen tragen, während wir mit dem Feuer spielen. Und als ob das nicht schon reichen würde, kriegen wir auch noch etwas richtig Gutes zu essen, ohne dafür viel tun zu müssen. Braucht es mehr, um glücklich zu sein?

Eigentlich nicht. Warum wir trotzdem ein ganzes Buch über die einfachste Art des Kochens gemacht haben, hat zwei Gründe. Erstens: Weil Grillen so herrlich wunderbar überzeugend einfach ist, und wir es deswegen viel öfter im Leben tun sollten. Und weil wir – zweitens – über 100 herrliche, wunderbare und überzeugende Lieblingsrezepte aufgeschrieben, eingesammelt und ausprobiert haben, mit denen sich das ganze Jahr über grillen lässt.

Das ganze Jahr? Aber klar, noch nie was von Wintergrillen gehört? Dann schnell mal auf Seite 46 nachlesen. Auch dafür haben wir dieses Buch gefertigt: um Grillfans auf neue Ideen zu bringen, jenseits von Schweinenacken am Samstagabend auf dem Südbalkon. Wie wär's zum Beispiel mit Saltimbocca am Spieß zum Mittagessen? Oder Makrelen mit Olivensalz am Flussufer? Oder Kürbis mit Ingwer und Zitrone vom Gasgrill?

Aber keine Sorge – natürlich gibt's hier auch Nackensteaks (sogar in Biermarinade) und Würstchen (aber selbst gemacht) plus Maiskolben (mit Korianderbutter!) und Gurkensalat (mit Melone und Wasabi!!) sowie alle anderen Basics rund ums Grillen: wie ich die Kohle zum Glühen bringe, womit ich dem Aroma Feuer gebe – und was in den USA ein waschechtes Barbecue ist. Denn da werden gleich halbe Tiere in ganze Grill-Lokomotiven gesteckt, um Stunden später eine komplette Football-Mannschaft satt zu machen. Wir sind aber mal so frei, hier eher das entspannte Grillen statt die großen Braten zu feiern – zu denen lassen wir uns lieber einladen. Und jetzt: go, BBQ, go.

Know-how

Jetzt gibt's Glut

Wo ein Grill ist, ist auch Feuer. Wir machen hier das Beste damit.

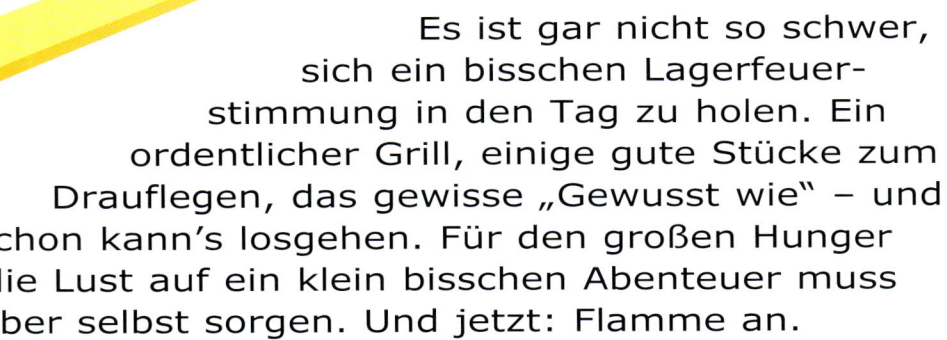

Es ist gar nicht so schwer, sich ein bisschen Lagerfeuerstimmung in den Tag zu holen. Ein ordentlicher Grill, einige gute Stücke zum Drauflegen, das gewisse „Gewusst wie" – und schon kann's losgehen. Für den großen Hunger und die Lust auf ein klein bisschen Abenteuer muss man aber selbst sorgen. Und jetzt: Flamme an.

Ich grill, wie ich will

Grillen mag fast jeder. Warum tun wir's dann nicht öfter? Hier eine kleine Anleitung für ein bisschen mehr Feuer im Alltag.

Wenn dieser Duft von Holzkohle und Himbeerbowle in der Luft liegt, geht fix die Eilmeldung ans Gehirn raus: „Es sind Sommerferien! Wir haben Wochenende!! Grillfest muss sein!!!" Muss es wirklich? Eigentlich reicht's doch, einfach nur Feierabend zu haben und schnell mal den Grill anzuheizen für die Lammkoteletts, die wir uns unterwegs beim Türken geholt haben. Was natürlich auch an einem Samstagmittag geht, wenn wir uns vom Limokistenschleppen erholen und uns ein paar Outdoor-Shrimps aus der Fischtheke gönnen wollen. Und für die Kinder legen wir noch einen Ananasspieß dazu. Grillen geht fast immer mit fast allem, sogar bei minus 10 Grad mit Südfrüchten. Und ja natürlich, ein Grillfest geht auch jederzeit. Muss aber nicht ständig sein.

Schöner rasten am Rost

Das war schon toll, als Papa früher die Grillsaison eröffnet hat. Kind durfte dann die Wochenendbeilage zerknäulen, die Vater im selbst geschweißten Glutkasten mit Buchenholzspänen aufhäufelte und nach einem ausgeklügelten System – niemals mit Grillanzündern! – in Brand setzte. Es folgte das langsame Auffüllen mit Buchenholzkohle an ausgesuchten Stellen, das Obstbaumreisig-Finish fürs Aroma und das rituelle Auflegen handeingelegter Steaks nach Geheimrezept. Schmeckte immer super – und auch immer ein bisschen gleich.

Aber wenn nun der Papa eher eine Null am Grill ist, und man weder Obstbaumreisig noch Geheimrezept zur Hand hat? Wenn statt ehrfürchtig knäulender Kinder nölende Freunde aufs Feuer warten, von denen mindestens zwei Vegetarier sind? Wenn man bloß Lust auf etwas Aromatisches unter freiem Himmel hat, ohne daraus gleich ein Hochamt machen zu wollen? Wenn es also statt immer nur super jetzt einfach nur normal sein soll? Dann wird natürlich auch gegrillt. Hier ein paar Vorschläge zur Entspannung.

Warum nicht mal Gas geben?

Wie man genau nach Papa-Art Holz und Holzkohle zum Glühen bringt, lernen wir auf den nächsten Seiten. Eins verraten wir schon jetzt – ein bisschen Zeit und Konzentration braucht's dazu auf alle Fälle. Wenn man beides hat, ist das fein. Wenn nicht, dann ist ein Gasgrill auch etwas Gutes: Rausgehen, aufdrehen und nach rund

5 Minuten kann gebrutzelt werden. Ein bisschen Brot zum Rösten an die Seite gelegt, schnell noch einen Salat gemacht – fertig ist das Feierabendessen. Und danach kann es noch an den See gehen. Wie das jetzt genau mit dem Gasgrillanheizen funktioniert, steht auf der nächsten Seite. Ob da auch etwas zu Elektrogrills zu finden ist? Ja schon, ... aber lest selbst.

Probier's mal mit Pfeffer und Salz

„Wie, wir grillen gleich? Ich hab doch gar keine Steaks mariniert!" Braucht's auch gar nicht, mein Lieber. Wenn das Fleisch richtig gut ist, dann sind Pfeffer und Salz als pure Würze oft viel besser als jede Marinade, um es am optimalsten zur Geltung zu bringen. Zudem spart das Zeit und macht den Weg zum Grillen insgesamt leichter. „Und wenn ihr schon so gut Bescheid wisst – wann wird dann gewürzt, vor oder nach dem Grillen?" Das klären wir ein bisschen später, ok? Jetzt gehen wir erst mal einkaufen. „Können wir da nicht wenigstens ein paar eingelegte Schweinenackensteaks vom Metzger mitnehmen?" Ach, lass uns doch lieber gleich zum Gemüse gehen, dort gibt es nämlich auch richtig tolles Grillzeug.

Kunterbunt statt Rot-Braun-Schwarz

Immer mehr Leute denken beim Einkauf der Grillzutaten im Supermarkt nicht zuerst an das rosarote Leuchten in der Fleischtheke, sondern erst mal an das bunte Strahlen in der Gemüseabteilung. Warum hier also nicht gleich die Hauptsachen besorgen statt nur Füllmaterial für Spieße, Dips und Salate? Im Grunde lässt sich jedes Gemüse, das auf dem Grill liegen bleibt, dort auch rösten. Und wenn man Alufolie (am besten extrastarke) hat, könnten sogar noch Erbsen, Spinat oder Sojasprossen drauf – aber man muss es ja nicht gleich übertreiben. Welche Gemüsesorten perfekt zu grillen sind, steht auf Seite 19.

Gleich neben dem Gemüse liegen viele Früchte, die ebenfalls gut für die Glut sind wie Ananas (am Spieß), Äpfel (in Scheiben samt Kernen und der Schale), Bananen (in der Schale), Birnen (in Vierteln), Datteln (in Speck gewickelt), Mangos und Nektarinen (in Alufolie gehüllt) oder Zitrusfrüchte (halbiert und auf die Schnittfläche gelegt). Weintrauben? Essen wir lieber als Erfrischung dazu.

Nächster Schritt: zur Käsetheke. Schafskäse lässt sich grob gewürfelt auf dem Spieß oder im ganzen Stück in Folie garen. Letzteres geht ebenso gut mit Camembert, Mozzarella oder kleinen Ziegenkäse-Laiben. Hier geben kräftige Kräuter, Knoblauch, Chilis, Oliven sowie Speck in dünnen Scheiben oder Streifen oder zum Schluss ein Löffel Honig noch Extra-Aroma. Auch Brot muss nicht einfach nur Beilage sein – es kann in Würfeln Spieße bereichern, in Scheiben geröstet und mit Grillgemüse belegt oder sogar als Fladen aus frischem Teig auf dem Rost gebacken werden. Und vom Fisch haben wir noch gar nicht geredet – aber der hat ja auch ab Seite 80 ein eigenes Kapitel.

Noch Fragen? Nein. Dann gilt ab sofort beim Aufruf zum Grillen nicht mehr die Ausrede: „Ich mag kein Fleisch." oder „Es ist doch gar nichts mariniert." – ab jetzt grillt jeder, wie er will.

PS: Auch wenn wir hier kräftig fürs Alltagsgrillen werben – das Grillen ist schon etwas Besonderes und Einmaliges im Vergleich zum Mittagessenkochen oder Abendbrotmachen. Und deswegen ist natürlich auch die Lust auf etwas besonders Einmaliges weiterhin ein toller Grund, um mit dem Grillen loszulegen.

Die Wahl der Flamme

Kohle oder Gas, Steckdose oder Lagerfeuer? Für die einen sind das Glaubensfragen, uns geht's hier erst mal nur ums Essen.

Und damit das gut gelingt, gibt's für den Grill ein paar Grundsätze – egal auf welche Art er Hitze bringt. Als Erstes sollte er in der Größe zu seinen Besitzern und deren Besitz passen. Ein DIN-A4-Grill lässt einem zwar Raum auf dem City-Balkon, aber für eine vierköpfige Familie, die oft Gäste hat und küchenkreativ ist, reicht er nicht – zumindest wenn alle gemeinsam essen wollen und einer nicht dauernd brutzeln soll. Platz für vier bis sechs Portionen müssen dann schon auf dem Rost sein, und wenn dazu Luft für Extras und Ruhezeiten ist, passt es noch besser. Der Rost selbst sollte massiv und nicht zu „durchlässig" sowie gut zu reinigen sein. Steht dazu das Gerät auch noch stabil (vor allem, wenn Kinder mit dabei sind), und muss ich mich beim Garen nicht dauernd bücken, kann es eigentlich losgehen. Außer, wenn es ganz plötzlich regnet oder windet, dann muss der Grill noch mal verschoben werden, was am besten geht, wenn er sich rollen lässt.

Ideal ist es, wenn der Grill geschützt platziert ist, sodass es nicht gleich auf den Rost regnet oder ein Windstoß die Flammen aus- bzw. die Asche rausbläst. Auf Terrasse oder Balkon findet sich da meistens ein Plätzchen unterm Vordach. Dabei bitte drauf achten, dass der mögliche Rauch nicht in die eigene Wohnung oder direkt zu den Nachbarn geleitet wird. Und wenn wenig Platz ist und der Grill an der Wand steht, sollte da nichts aus Holz sein. Auch sonst muss alles Brennbare in der Nähe entfernt und darauf geachtet werden, dass keine Pflanzen unter der Hitze leiden. Besonders wenn Kinder da sind, ist es wichtig, dass vor dem Grill genug Platz ist, sodass sich niemand verbrennt. Gibt's aber besonders viel Platz, den Grill nicht gleich weit weg vom Geschehen stellen – sonst kann man an der Grillzange schnell einsam werden.

zu können. Luftlöcher garantieren genug Durchzug zum Anheizen der Glut. Ist der Rost höhenverstellbar, lässt sich damit die Temperatur auch ohne Verschieben der Grillkohle gut regulieren (siehe auch Seite 144 „Unsere Grillstufen"). Und hat der Grill einen Deckel, lassen sich obendrein größere Stücke bei kleinerer Hitze garen.

Warum gibt es trotzdem Leute, die nicht mit Kohle grillen? Weil es damit arg rauchen kann, was oft die Nachbarn oder Gäste nicht mögen – Fleisch manchmal auch nicht. Denn wenn der Rauch von tropfendem Fett kommt, entstehen dabei schädliche Stoffe, Benzpyrene und Nitrosamine. Viele stört dazu das Davor und Danach – die Zeit und Mühe, die es braucht, bis der Grill erst heiß und dann wieder sauber ist. Deswegen sagen sich immer mehr:

Alles auf Kohle

Grillen IST Holzkohle – für viele eingefleischte Fans eine klare Sache. Da ist das Ritual des Anzündens, Abbrennens und Glühenlassens, das einen in die richtige Zen-Stimmung bringt – wenn's gelingt. Und es ist dieses Outdoor-Aroma, das die Kohleglut Fleisch und Fisch verleiht. Wer nur ganz selten grillt, kann vielleicht mit einem Billigblechteil vom Schnäppchenmarkt oder sogar mit einem Wegwerfgrill von der Tankstelle glücklich werden. Aber würde sich so jemand ein Grillkochbuch kaufen? Weswegen wir als Standard empfehlen: stabile Grillschale, die Hitze gut aus- und behält, statt nur nach außen zu strahlen; dazu sollte sie Griffe haben, um sie auch in Betrieb bewegen

Ich setz auf Gas

Einst waren es vor allem die Campinggriller, die ihre Steaks mit Gas befeuerten. Da wurde dann ein Blechkasten vor dem alten VW-Bus aufgefaltet, in dem eine Gaskartusche dafür sorgte, dass das Fleisch auf kleiner Flamme langsam schwarz schmorte.

Inzwischen werden bei uns Gasgrills nach US-Vorbild immer beliebter, die echte Schlachtrösser zu mehreren 1.000 Euro mit Edelstahlwärmeschrank und Champagnerkühler sein können. Fürs Erste reicht aber ein Gerät, das zwei bis drei Brenner hat, die eine über ihnen liegende Schicht Lava- oder Keramiksteine in wenigen Minuten in

Gluthitze versetzen, sodass oben auf dem Rost schnell gegrillt werden kann. Oft gibt es noch zur Ergänzung eine Eisenplatte, die als große Bratpfanne oder Herdplatte genutzt werden kann – etwa um Zwiebelringe zu bräunen, Kartoffeln zu braten oder Brote zu rösten. Das schmeckt dann wie aus der Freiluftpfanne. Ob es sonst einen großen Aroma-Unterschied zwischen Kohle und Gas gibt, darüber sollen andere streiten – wir finden nicht.

Die Energie kommt aus 5 oder 11 Liter Flüssiggas fassenden Eisenflaschen, deren Inhalt durch den Druck beim Austreten zur rund 250-fachen Menge Gas wird. Über den orangen Normschlauch samt Anschluss mit Linksgewinde gelangt es in den Brenner und wird dort gezündet. Die Gasflaschen gibt es in Bau- und Campingmärkten oder an Tankstellen, wo sie immer neu befüllt bzw. ausgetauscht werden können. Wer also nicht an einem Sonntagmittag plötzlich ohne Feuer am Grill stehen will (= größtmögliche BBQ-Katastrophe), kauft am besten gleich zwei Flaschen.

Womit wir bei den Nachteilen des beliebten Gasgrills (schnell und sauber in der Luft wie am Rost) wären: Man muss Platz für die oft großen Geräte und die Gasflasche haben. Die macht den ohnehin schweren Grill noch etwas schwerer manövrierbar; allerdings gibt's inzwischen auch Kleinversionen von Grill und Flasche. Die Keramik- oder Lavasteine reichern sich mit der Zeit mit Fett an, das Feuer fangen kann. Hier hilft Waschen in Spüllauge (mit mehrmaligem Klarspülen) oder ein Neukauf. Oder ...

... lieber elektrisch?

Stecker rein, Steak drauf, Besteck raus – klingt gut. Und überhaupt ist der Elektrogrill die wohl sauberste Sache mit Namen „Grill", denn der Rost und die mit Wasser gefüllte Grillschale sind oft schon nach einem Geschirrspülgang wieder rein. Aber hat man vorher wirklich gegrillt? Selbst wenn die Heizschlange sich schön eng und gleichmäßig unter Fleisch, Fisch und Gemüse windet, sodass diese flächendeckend gegart werden? Der Begriff „Heizschlange" sagt bereits, um was es beim E-Grill wirklich geht: um ein elektrisches Küchengerät. Für drinnen geht das in Ordnung, im Freien ist es aber so sinnvoll wie ein Fön am Badesee. Drum: Ja, liebe E-Griller, die meisten Rezepte und Regeln in diesem Buch lassen sich auch elektrisch anwenden, wir haben's probiert. Aber verzeiht uns, wenn wir es dabei belassen und weiter nur mit Kohle oder Gas grillen. Oder so richtig Feuer geben, denn im Grunde sind wir uns doch einig, wo wir grillen wollen:

Am liebsten am Lagerfeuer

Holzkohle? Schön und gut. Flüssiggas? Praktisch und zuverlässig. Aber so ein richtiges Lagerfeuer mit allem Drum und Dran, über dessen Glut man dann locker ein ganzes Ferkel kurbeln und dazu noch ein paar Stockbrote backen kann, bevor sich am Ende alle zum Marshmallow-Grillen drumherum versammeln – das ist nicht zu schlagen. Aber leider auch nicht immer zu machen. Auf dem Balkon verbietet es sich von selbst, und auf der Terrasse war es auch lange tabu – bis die Feuerschalen kamen. In diesen großen „Eisenwoks" kann man schon ein paar schöne Holzscheite zum Glühen bringen, ohne dass gleich die Bodenfliesen springen oder der Rasen versengt wird. Aber ein Garten ist nun mal kein Lager, weswegen so ein richtiges Grillfeuer in die freie Natur gehört. Womit jetzt nicht vogelfrei gemeint ist – wegen des Umweltschutzes und der Brandgefahr ist es wichtig, sich an die genehmigten Plätze und Zeiten zu halten. Und um das Feuer unter Kontrolle zu haben, hilft ein Kreis aus massiven Steinen drumherum, das Kleinholz zum Anzünden wie die Äste zum Befeuern sollten schön trocken sein. Perfekt für ein gutes Lagerfeuer sind Kiesbänke an Flüssen – dort gibt es passende Steine, trockenes Treibholz und Wasser zum Löschen, falls es nötig ist. Und Romantik sowieso. Wenn das Wetter passt.

Grillen ohne Grill

Schnee und Sonne? Ideales Grillwetter. Leichtes Nieseln? Kein Problem. Hagel, Sturm und Wolkenbruch? Da macht es keinen Spaß mehr. Dann kommt die Pfanne auf den Herd, um alles zu braten. Das kann eine Grillpfanne sein, die mit dünnen Stegen einen Rost simuliert – dann muss sie aber aus reinem Eisen oder Gusseisen und gut eingeölt sowie gepflegt sein, damit sie hohe Hitze auch verträgt. Die Alternative ist, den Backofen samt mittig eingeschobenem Rost auf stärkste Hitze zu stellen und die Stücke dann auf die heißen Metallstäbe zu legen, sobald es zischt – den Grill von oben zuschalten, wenn der Ofen einen hat. Die Folge sind durchaus passable Steaks usw., aber auch ein recht verklebter Backofen, der bei mehreren Grillgängen bald das Nichtrauchen aufgibt. Ein tiefes Blech mit Wasser unter dem Rost kann da einiges auffangen, sorgt aber auch für Wasserdampf, der eine Grillkruste verhindern kann. Im Zweifel hoffen wir einfach auf ganz schnelle Wetterbesserung.

So wird's richtig heiß

Wer Feuer machen kann, ist der King (oder die Queen) am Grill-platz. Und es ist gar nicht so schwer, dort geadelt zu werden.

Die echten Cracks arbeiten ohne Kohle und Anzünder. Das gute alte Lagerfeuer muss es sein, auch in der Grillschale – was erst mal Holz sammeln heißt und dann Abwarten, bis es brennt, und dann noch mal Abwarten, bis es glüht. Wunder-schön, wenn man dafür die Zeit und den Sinn hat. Aber ehrlich gesagt, haben wir jetzt schon ein bisschen Hunger und morgen noch was vor. Wie wär's also, wenn wir das mit dem Feuerholzsuchen und -hacken heute mal lassen und uns aufs Grillen mit Holzkohle konzentrieren? Weil uns bei der schon jemand das Vorglühen abgenommen hat, ebenso wie bei Holzkohlebriketts.

So viel Zeit muss sein

Das ist unser Ziel: eine möglichst gleichmäßige Schicht von glühender – nicht brennender – Kohle, über der wir Fleisch, Fisch oder Gemüse grillen können. Für die Basic-Version reicht eine Schicht Kohle, die je nach gewählter Anheizmethode 15–30 Minuten bis zum Glühen braucht und dann 30–50 Minuten die Hitze fürs Grillen hält. Zwei Schichten Kohle benötigen 30–50 Minuten zum Anheizen und halten die Hitze 1–1 1/2 Stunden. Eine Schicht Grill-briketts braucht noch mal ein Drittel der Zeit länger bis zur Glut, die dann aber auch fast doppelt so lange wirken kann – und einem so die zweite Schicht meistens erspart.

Feuer pur, bitte

Um die Kohle zum Glühen zu bringen, ist zunächst ein Vorfeuer nötig. Und das zu machen, üben wir jetzt ohne Grillanzünder. Dazu braucht es Zeitungspapier, das wir locker zusammenknäulen, sodass genug Luft drin ist und es schnell brennt. Eine super Alternative dazu sind zer-drückte Eierkartons (ohne Eier drin, bitte), die zudem die Flamme länger halten. Papier oder Kartons werden nun in die Grillschale gehäufelt – für vier Esser reicht es, ein etwas größeres „Gluthäufchen" vorzubereiten; wenn es mehr Leute werden, zwei bis drei kleinere Häufchen in jeweils 15 cm Abstand setzen. Wer es ganz gut machen möchte, legt unter die kleinen Stapel als Zündschnüre ein paar eingedrehte Zeitungsseiten, die man am Ende fester wickelt – dort werden sie dann später angezündet (Bild 1). Über die Papier- oder Kartonhäufchen legt man nun mög-lichst dicht kleine, gut trockene Ästchen oder lange Holz-späne zur stabilen Pyramide (Bild 2).

Darüber kommt dann eine lockere Schicht Holzkohle – nicht alles auf einmal, damit das zarte Flämmchen nicht erstickt, das wir mit dem Anbrennen der Lunte entstehen lassen. Wer üben will, kann die Holzkohle auch weglassen und später darübergeben, wenn die Holzästchen oder -späne zu prasseln beginnen (Bild 3). Das geht oft recht schnell, meistens glühen sie schon, bevor die Kohle brennen konnte. Dann wird geblasen – erst behutsam, damit nichts verlöscht und keine Asche fliegt, dann kräftiger, bis es stark aufglüht unter der Kohle (Bild 4). Wichtig: Zwischendurch immer mal Pause machen, damit auch das Feuer Atem holen kann. Natürlich geht das Anfeuern auch mit Blasebalg, Luftpumpe oder Fön, aber Puristen setzen auf den eigenen Atem.
Brennt die Holzkohle gut und beginnt sie zu glühen, wird sie gleichmäßig verteilt (Bild 5). Je nach Grillgut kann man dabei einen Bereich in der Grillschale frei lassen zum Garen bei niedrigerer Temperatur und zum Ruhen. Ist die Kohle durchgeglüht und bildet sich eine weiße Asche-schicht, hat sie die Ideal-temperatur erreicht (Bild 6).

Zum Nachlegen wird weitere Kohle an dem Grillschalen-rand zugeschüttet, wo sie dann schon nach der halben Zeit die richtige Glut hat und verteilt werden kann. Immer wichtig: Damit die Kohle „gut zieht", müssen die Luftlöcher der Grillschale in Bodennähe frei sein, was bei einem Grill mit einem Extra-Kohlerost sowieso der Fall ist.

Feuern mit kleiner Hilfe, bitte

Grillanzünder gibt es von flüssig bis fest in vielen Formen. Am besten nimmt man nicht die billigsten Fabrikate und achtet auf TÜV-Prüfzeichen und Empfehlungen durch Warentests – dann hat man am ehesten die Garantie für großen Erfolg und weniger Chemie. Wer Letztere mög-lichst reduzieren will, baut ein Kohlehäufchen wie bei „Feuer pur" beschrieben und hilft mit ein wenig festem Grillanzünder nach. Wer mehr von dem Anzünder nimmt, kann erst die Hölzchen und schließlich auch das Papier weglassen. Mengenangaben sind schwierig, weil jedes Produkt anders ist. Flüssiganzünder ist geleeartig, wird gleichmäßig über dem Kohlehäufchen verteilt, wo man ihn dann ein paar Minuten einwirken lässt, bevor er direkt an der Kohle mit einem langen Grillstreichholz angezün-det wird. Er kann allerdings ziemlich ekelhaft riechen und sein Aroma auch auf das Gegrillte übertragen. Doch das ist immer noch besser, als mit Brennspiritus oder gar Benzin anzuheizen – das lassen wir, denn das Zeug ist in der Nähe von Feuer, vielleicht noch in Verbindung mit Alkohol, einfach zu gefährlich. Auch dann, wenn man mit langen Schöpfkellen und Ähnlichem arbeitet.

Feuern mit großer Hilfe, bitte

Wer viel grillt und dabei nicht lange zündeln will, kann sich auch einen Anzündkamin zulegen. Das ist ein Metall-zylinder mit Luftlöchern in der unteren Hälfte und zwei stabilen Griffen an der Außenseite. Innen hat er einen Rost, der die Kohle vom Feuer trennt. Und so geht's: Wie beim normalen Anheizen werden Papier- oder Papp-knäuel mit oder ohne Anzündern in den Grill gehäuft und gleich angezündet. Nun kommt der Kamin drüber und wird mit der nötigen Menge von Kohle gefüllt. Sofort ent-steht ein ständiger Luftsog, der die Kohle befeuert und schon nach 15–20 Minuten weiß glühen lässt. Nun mit dem Grillhandschuh den Kamin ausschütten und die Kohle in der Grillschale verteilen. Das knallheiße Gerät an einem sicheren Ort auskühlen lassen, weit weg von allem, was brennen oder sich verbrennen kann.

10 Basics, mit denen das Grillen gelingt

10 Basics, mit denen das Grillen gelingt

Aromen

Grillen an sich ist schon ein echter Aromaspender, weswegen wir beim Würzen nicht zu zimperlich sein sollten. Die verwendeten Kräuter sind daher eher robust als zart, wie feste Mittelmeerkräuter von Lorbeer bis Thymian. Bei den Gewürzen werden die kraftvollen bevorzugt und gerne im Ganzen genommen. Chili, Ingwer, Knoblauch, Zitrone – auch sie sind im Reich der „Würzmittel" eher ganze Kerle und deswegen ideal fürs Grillen. Dazu gesellen sich reiche Saucen von Ketchup bis Soja sowie aromatische Öle und manchmal auch Essige. Und wenn das alles in einem zusammenkommt, nennt man es Marinade.

Werkzeug

Auch wenn die Grillgerätehersteller da recht erfinderisch sind, braucht man für die Basics weiterhin nur das altbewährte Trio Zange, Pinsel und Wender bzw. Gabel. Die Zange muss gut greifen können und einen praktischen Griff haben, mit dem man weit genug von der Glut entfernt ist. Zu lange Zangen sind aber unhandlich. Echte Grillpinsel sind aus Metall und haben Silikonborsten, sie halten ziemlich viel aus. Aber wer nur ab und zu glasieren will, darf auch weiterhin seinen Küchenpinsel nehmen. Für zartere Stücke ist ein Wender gut, der aber nun wirklich aus Metall sein sollte. Die Fleischgabel ist zu Recht eher ein Fall fürs Alteisen, da ihre Stiche Steaks nur ausbluten lassen. Zum Wenden eines großen Stücks taugt sie aber immer noch! Wer Schaschlik mag, nimmt entweder Holzspieße (meist aus Bambus), die einige Zeit gewässert werden, damit sie auf dem Grill nicht Feuer fangen, oder abgeflachte Metallspieße, an denen sich das Grillgut beim Wenden mitdreht.

Holz & Papier

Wer am Rost eher nach Lagerfeuerromantik statt nach Grillanzünderrealität sucht, der greift beim Entfachen der Glut (wie das genau geht, steht auf Seite 12–13) zu Holz und Papier. Das Papier kann Zeitungspapier sein oder Altpapier vom Drucker – Hauptsache es brennt leicht und schnell, nachdem es zu lockeren Knäuel geformt wurde. Hochglanzmagazine unbedingt meiden, die brennen schlecht und stinken dabei. Wer dagegen die Papierknäuel mit Pappe kombiniert (Eierkartons, Nudelschachteln), erhält lange genug Feuer, um darübergebautes Holz zu entflammen. Das geht am allerbesten, wenn die gesammelten Stöckchen richtig schön trocken sind und auch ein paar dickere dabei sind, sodass nicht gleich alles wie Zunder verbrennt, bevor die Kohle richtig Feuer fangen kann. Fürs Finish empfehlen Profis Obstbaum- und Weidenzweige, die dem Gegrillten Extra-Aroma geben. Ganz zum Schluss kann man auch noch ein paar getrocknete Rosmarinzweige in die Glut geben.

Pfeffer & Salz

Ohne die beiden geht beim Grillen wenig bis gar nichts. Ob sie aus der Mühle kommen müssen? Beim Pfeffer ist es ein Muss, denn erstens gibt er frisch gemahlen besonders viel von seinem tollen Aroma weiter, und zweitens gehören Pfeffermühle und Steak schon optisch zusammen. Das Salz stammt am besten aus dem Meer (sehr fein: Fleur de Sel) und kann auch mal etwas grober sein – denn das hat was, wenn sich in der Steakkruste so ein Salzkrümel einröstet. Mehr zum Würzen auf Seite 22–23.

Roste & Körbe

Der Rost ist die Pfanne des Grillens. Deswegen sollte er immer gut „laufen". Es gibt zwar die Theorie, dass eine Lage eingebrannter Grillreste vom letzten Mal wie eine Beschichtung wirkt, tatsächlich sind aber blanke, leicht geölte Roststäbe die bessere Idee, vor allem, wenn man mal Lamm, mal Fisch und mal Ananas grillt. Der Rost sollte massiv mit knapp fingerbreiten Abständen zwischen den Stäben sein und sich auch unter Volldampf auf dem Grill leicht verstellen lassen, um so die Hitze zu regulieren. Für Empfindliches wie Fisch oder Kleinteiliges wie Gemüsestücke ist ein Grillkorb gut, in dem die Teile eingeklappt und ohne Verluste gewendet werden. Wer auf Großes steht, sollte sich einen Grillspieß zulegen – vierkantig und mit Klammern, damit nichts rutscht. Den kann man selbst drehen oder selbstdrehend machen – per Elektromotor.

Schüsseln, Platten & Co.

Davon kann man beim Kochen wie beim Grillen nicht genug haben. Darin werden Glasuren gerührt, Gewürze gemischt, Steaks in Pfeffer gewendet oder Garnelen in Kräutern geschwenkt. Gibt es am Grill eine kleine Ablagefläche, ist das gut. Darauf kann zum Beispiel ein Steak ruhen – am besten in einer Metallschüssel, die es schön warm hält. Alte Grillhasen halten außerdem ein großes, altes Metallschüssel-Modell bereit, um auf dem Grillrost mit Deckeleffekt brutzeln zu können (siehe Seite 20–21). Auch nicht schlecht: ein Brett und ein Messer zum Schneiden am Grill, zum Testen wie zum Tranchieren. Und: Platten, Teller und Schüsseln zum Servieren, schon vor dem Grillstart bereitstellen.

Grillhandschuhe

Stimmt schon, mit Grillhandschuhen sieht man immer ein bisschen lächerlich aus. Aber hey, hast du dich schon mal mit deiner Schürze im Spiegel gesehen? Und magst du lieber, dass deine Hand so rot ist wie der Handschuh auf dem Bild? Nein, dann bitte zu Grillhandschuhen greifen. Und diese sollten unbedingt einen längeren Schaft haben, damit auch die Unterarme geschützt sind, wenn man bei sehr tiefen Grills weiter hinten Grillgut wendet oder Kohlen schippt. Der einfache kurze Backofenhandschuh tut es da nicht immer, auch weil er mit seiner maximalen 250-Grad-Tauglichkeit recht dünn sein kann. Stets wichtig: Die Grillhandschuhe dürfen nicht nass werden, denn dann werden sie beim Grillen unangenehm heiß, und zu fettig sollten sie erst recht nicht sein, sonst fangen sie irgendwann Feuer.

Grillreiniger

Auch hier haben Grillhändler und -profis einige Patente auf Lager, mit denen sich eine ganze Menge anstellen lässt. Wichtig ist, dass man damit gut zwischen die Roststäbe kommt und kraftvoll drauflos schrubben kann – was mit einem windigen oder in der Hand kneifenden Stiel nicht geht. Es gibt aber auch Leute, die nehmen einfach Topfkratzer – und schwören, dass die genauso gut funktionieren.

Kohle & Briketts

Grillen mit Holz macht immer einen guten Eindruck – wenn man früh genug angefangen und die Scheite tatsächlich zum Glühen gebracht hat. Weil das eine echte Aufgabe sein kann, greift auch der Profi gerne zur Holzkohle. Bei der haben einem die Hersteller schon einen Teil des Anbrennens abgenommen, indem sie Holz in einer Kammer bei sehr starker Hitze fast ohne Sauerstoff „verkohlt" haben, sodass es dann in der Grillschale leichter zum Glühen kommt. Das geht besonders gut, wenn für die Kohle hartes Holz wie das der Buche verwendet wurde und die Stücke relativ gleichmäßig sind. Dies ist vor allem dann der Fall, wenn die Holzkohle zerkleinert und zu Briketts geformt worden ist. Solche Grillbriketts sind zwar etwas schwieriger und langwieriger anzuzünden, kosten auch etwas mehr, glühen dafür aber um einiges länger.

Folien & Schalen

Alles, was mit Alu zu tun hat, ist ja für echte Grillburschen tabu. Und beim Steak können wir das auch verstehen, denn das wird am „grilligsten", wenn es direkt über der Glut gart. Aber manche Sachen – Fischfilet zum Beispiel – schätzen den Schutz durch extrastarke Alufolie oder Alugrillschale, und wenn Letztere im Boden Löcher hat, geht der Rösteffekt ja nicht völlig verloren. Allerdings kann es dann durchaus auch zu Rauch durch herabtropfendes Marinadenöl kommen, der nicht gesund ist und so manche zur Grillschale mit glattem Boden greifen lässt. Die hat dann zwar eher was von Bratpfanne, aber dafür lassen sich darin auch Kleinteile bis hin zum Ratatouille garen. Oder wir bauen gleich ein Alufolienpäckchen, etwa um Schafskäse samt Gemüse darin zu „dämpfen". Und wenn die aufgeblasenen Päckchen einem dann am Tisch nach einem Schnitt ihren Duft in die Nase treiben, entschädigt das für das fehlende Grillaroma.

Das kleine Grill-mal-eins

Wenn wir hier bei uns den Rost anheizen, mögen wir es meistens heiß und schnell – perfekt für Steaks und andere kleine Fische.

Wir hier in der Alten Welt sind beim Grillen der Steinzeit noch recht nahe: Das gute Zeug wird direkt über der Glut gegart, also heiß und schnell, damit gleich etwas Neues erlegt werden kann. Anders als in der Neuen Welt, wo man die BBQ-Klassik nach Ofenart pflegt, also das langsame Garen unterm Deckel bei kleinerer Hitze. Dazu kommen wir auf den nächsten beiden Seiten. Hier geht's um direkte starke und trockene Strahlungshitze, mit der es weder Topf noch Ofen noch Pfanne aufnehmen können. Sie bewirkt, dass sich bei Fleisch und Fisch schnell eine schützende Kruste bildet, während sich im Inneren die Säfte erhitzen und so das Stück garen kann. Wenn das alles passt, wird daraus in Kürze eine echte Delikatesse – außen würzig-knusprig, innen zart und intensiv im Geschmack.

1. Ein Stück Fleisch grillen

Grillfleisch wird 30 Minuten vor dem Garen auf einen Teller in der Küche gelegt, damit es entspannt statt eiskalt auf den Rost kommt. Ein nicht zu mageres, marmoriertes Steak verträgt schnelles, heißes Garen besonders gut, da das fein verteilte Fett die Hitze bestens aufnimmt und zügig samt Aroma ins Fleischinnere weiterleitet, während es außen kräftig bräunt. So ein Stück Fleisch wird bei mittlerer bis starker Hitze angegrillt, damit das Fett knusprig statt glibbrig wird. Soll es durchbraten wie etwa ein Schweinenackensteak, darf es höchstens fingerdick sein. Ein Entrecôte sollte zum Rosagrillen eine Dicke von 2–3 cm haben, gute 2 cm sind dafür beim Lammkotelett ideal. Oft haben diese Stücke einen Fettrand, den man zuerst mit der Zange auf den heißen Rost hält, damit er schon mal knuspert.

Nach dem Angrillen kann man es dann bei mittlerer Hitze relativ schnell fertig braten oder bei geringer Hitze (wird erreicht durch Höherstellen des Rosts, Verschieben der Kohle bzw. Runterdrehen bei Gas, siehe auch Seite 144) langsamer zur Vollendung bringen. Letzteres empfiehlt sich vor allem bei mageren Stücken, die ihren Fettschutz nur vom Marinieren haben, wie etwa ein Kalbsrückensteak. Dabei bitte kein Bier mehr übers Steak spritzen – das lockt die Flammen aus der Glut, die das Fleisch verbrennen. Eigentlich muss ein Steak nach dem Garen noch einige Minuten neben dem Grill ruhen, damit es richtig zart wird – aber sagt das einmal der hungrigen Meute, die mit Tellern bereitsteht.

2. Ein Stück Geflügel grillen

Hähnchenflügel und -schenkel (diese häufig in zwei Teile geschnitten) sind die Klassiker auf dem Rost, meistens eingelegt in einer Marinade oder eingerieben mit Kräutern und Gewürzen, damit die Knusperhaut noch aromatischer wird. Damit das Aroma und vor allem die Hitze ins Innere dringen, werden sie vorher oft mehrmals eingeschnitten. Gegrillt wird bei nicht zu starker Hitze, sonst ist die Haut schneller schwarz als das Fleisch durchgebraten – was bei Geflügel ein Muss ist (außer bei der Entenbrust, die auch rosa sein darf).

3. Ein Stück Fisch grillen

Fischfilet überlebt das Grillen nur mit einem Bodyguard, der es vorm Zerfallen schützt. Das kann die eigene Haut oder Mittelgräte sein, wie auch eine Alugrillschale, extra-starke Alufolie, ein Grillspieß oder -korb. Damit werden die Stücke bei mittlerer bis starker Hitze gegrillt und möglichst nur einmal gewendet. Hat das Filet eine Haut, kann man es auch ohne Wenden grillen: Mit der Hautseite auf gut eingeölte Grillstäbe setzen und langsam bei mittlerer Hitze grillen, bis es an der Oberfläche noch leicht glasig ist. Dabei wird die Haut besonders knusprig.

4. Garnelen und Scampi grillen

Garnelen (die mit den Fühlern) und Scampi (die mit den Scheren) werden am besten ungeschält auf den Grill gepackt – denn das gibt dem Fleisch Extra-Aroma. Dann kann eine Marinade zwar nicht so gut durchdringen, aber damit sollte man bei dem feinen Geschmack dieser Meerestiere ohnehin sparsam sein; das Vermengen mit einem Schluck Olivenöl verhindert, dass die Schalen am Rost kleben bleiben. Und wer Garnelen oder Scampi doch lieber geschält grillen mag, steckt sie vorher am besten auf Spieße, damit sie nicht in die Glut rutschen können.

5. Gemüse grillen

Gemüse ist eigentlich nie fett und braucht deswegen immer ein wenig Öl beim Grillen. Am besten ist es, die Stangen, Scheiben, Stücke, Ringe, Viertel im Öl zu wenden und dabei auch gleich zu würzen – aber nicht lange marinieren, da das dem Gemüse nur Wasser entzieht und es schlapp macht. Besonders zartes Gemüse wird bei geringer Hitze langsam gegart, was auch sein Aroma besser herausbringt, ansonsten darf es auch mal heißer sein. Kleinere Stücke suchen wie der Fisch am besten Schutz in einer Schale oder einem Päckchen aus Folie.

6. Spieße grillen

Ob Fleisch, Fisch, Meeresfrüchte oder Gemüse – wichtig ist, dass alle Stücke auf dem Spieß einheitlich garen, weswegen sie gleich groß sein sollten. Dabei bitte auch beachten, dass solche Stücke zusammengesteckt länger zum Garen brauchen als solo, wenn die Hitze von allen Seiten kommen kann. Damit Holzspieße dabei nicht zu brennen anfangen, 1 Stunde vorm Grillen wässern.

Was sich alles im Kleinen grillen lässt

Rind und Kalb
Entrecôtes und T-Bone-Steaks vom Rind, Ochsenkoteletts, Kalbsrückensteaks und Kalbskoteletts, dazu Steaks aus Rinder- und Kalbsfilet sowie Rinder- und Kalbshuft, wobei mageres Kalbfleisch stets in Öl eingelegt werden sollte.

Lamm
Lammkoteletts aus einer Seite des Rückens oder Lammchops aus dem ganzen Lammrücken sowie Lammrückenfilet, außerdem Steaks aus der Keule.

Schwein
Steaks aus Nacken, Schweinerücken oder der Keule (auch für Spieße), Schweinekoteletts sowie die beiden Extreme – das magere Filet und der fette Schweinebauch. Achtung bei Pökelfleisch, das bei starker Hitze schädliche Nitrite bildet!

Geflügel
Schenkel, Flügel und Brüste vom Hähnchen; Schenkel (geteilt) und Brüste von der Ente; Putenbrust darf gefüllt als Mini-Roulade oder gewürfelt am Spieß auf den Rost, Putensteaks sind am besten aus der Oberkeule.

Fisch
Festfleischige Fischfilets möglichst ohne Gräten (z.B. mit Haut – Lachs, Makrele oder Hering; in Alugrillschalen oder Folienpäckchen – Seelachs, Rotbarsch, Kabeljau oder Seeteufel) oder festfleischige Fischkoteletts.

Meeresfrüchte
Garnelen und Scampi, dazu vom Tintenfisch nur die Körper als Ringe (blitzschnell fertig) oder im Ganzen gefüllt, vom Oktopus nur die Mini-Ausgaben zum Schnellgrillen.

Gemüse
Auberginen, Zucchini, Kohlrabi, Süßkartoffeln und Hokkaido-Kürbis (in Scheiben oder Spalten), Fenchel (in Scheiben samt Strunk), Paprikaschoten (in Schiffchen), Chinakohl (geviertelt), Frühlingszwiebeln (ganz), Kartoffeln und Rote Bete (ganz in Folie, eventuell vorgegart), Radieschen (ganz in Folie), Pilze und Kirschtomaten (ganz auf Spießen), Maiskolben (ganz und eventuell vorgekocht) und sogar Mangoldblätter (als Würstchenpelle) und Zucchiniblüten (gefüllt) mögen die Glut.

Das große Grill-mal-eins

Welcome to Barbecue-Land, wo alles ein klein bisschen größer, stärker und mächtiger ist – außer die Temperatur unterm Rost.

Hier geht's um Luxus. Um den Luxus, sich Zeit zu lassen, und um den Luxus, die Möglichkeit zur größten Hitze einfach zu ignorieren. Um den Luxus, einen Festtagsbraten auf den Grill zu legen, und um den Luxus, sich zwei Seiten lang mit einem Thema zu befassen, das im Rest dieses Buches keine Rolle mehr spielt – das Grillen von großen Stücken. Und dabei geht es zuerst um die für die USA typische Spielart des Grillens bei indirekter Hitze, niedriger Temperatur und geschlossenem Deckel; dort kurz Barbecue genannt, was bei uns für die ganze Welt des Grillens steht. Da man dafür spezielle Geräte mit Deckel und eine spezielle Technik braucht, kümmern wir uns hier auf einem Fleck darum – in der Gewissheit, dass das große, sanfte Grillen bald auch bei uns ein großes Ding sein wird. Was das große, starke Grillen am Spieß schon immer ist. Dazu mehr zum Schluss.

1. Let's BBQ! But what is BBQ?

Nicht wenige Grillgelehrte behaupten ja, dass „Barbecue" der eigentliche Ursprung des Garens mit feuriger Glut ist. Sie führen es entweder auf das Garen von ganzen Tieren in einer mit Glut gefüllten und abgedeckten Erdgrube zurück oder auf das einst übliche Grillen am rotierenden Spieß vor der Glut. In Schlossmuseumsküchen kann man die Vorrichtungen dafür noch sehen, live erleben wir sie weiterhin beim Hähnchen- und Döner-Grill. Aber darum kümmern wir uns gleich – jetzt erst mal zum US-BBQ.

2. Grille groß, sanft, aromatisch

Große Stücke brauchen ihre Zeit, in der Küche wie am Grill. Da bei diesem die Hitze jedoch notorisch groß ist, muss ein Weg gefunden werden, sie zu reduzieren – durch indirektes Grillen. Das bedeutet, dass die Glut nicht direkt auf Fleisch oder Fisch strahlt, sondern dass das Grillgut ein wenig abseits davon liegt. Damit es dabei trotzdem nicht auskühlt, kommt noch ein hoher Deckel über das Ganze, unter dem die warme Luft kreist wie im Heißluftherd und dabei alles gleichmäßig gart. Warum man die guten Stücke dann nicht gleich im Ofen statt in einem Grillkessel gart? Weil sie nur dort dieses ganz besondere Outdoor-Aroma gewinnen.

3. Nimm dir die Kugel

Der bekannteste BBQ-Kessel ist der Kugelgrill mit einem Extra-Rost für die Kohle in Bodennähe, der von unten reguliert Luft bekommt. Glüht die Kohle, wird sie entweder in eine Hälfte des Rosts geschoben, in der Mitte aufgehäuft oder ringförmig an den Rand geschichtet – und was gegrillt werden soll, kommt dorthin, wo keine Kohle ist. Genauso funktioniert es bei den länglichen Barbecue-Grills mit meist fixierten Klappdeckeln. Auch mit Gas kann indirekt gegrillt werden, wenn das Gerät mindestens zwei Brenner hat – dann wird der unterm Grillgut abgeschaltet, wenn dieses aufgelegt ist.

4. Gib ihm den Deckel

Ob Gas oder Kohle, als nächstes kommt der Deckel auf den Grill und bleibt auch möglichst dort, bis alles gar ist – ein Öffnen bewirkt nur, dass die ohnehin schon geringere Hitze entweicht. Beim Grillen mit Kohle sorgt eine regulierbare Luftöffnung am Deckel dafür, dass immer Durchzug darunter herrscht und so die Kohle konstant weiterglühen kann. Auf diese Weise können Spareribs im großen Stück gegart und glasiert werden oder ein Roastbeef, das man in den USA vorher mit seiner ganz persönlichen Gewürzmischung einreibt, dem „Spice Rub".

5. Grille groß, kräftig, knusprig

Man kann große Stücke beim Grillen auch direkter Hitze aussetzen, die dann aber nicht ganz so stark wirken darf wie beim Steakgrillen. Das erreichen wir entweder durch einen größeren Abstand zwischen Glut und Gegrilltem – wie etwa beim Steckerlfisch, der schräg angebracht hoch über den heißen Kohlen langsam vor sich hin brutzelt. Eine andere Methode ist, das Grillstück stetig zu wenden, sodass es ganz gleichmäßig von allen Seiten gart. Weil das bei einem Hähnchen oder Ferkel aber ziemlich viel Arbeit wäre, haben sich Köche hierfür etwas ausgedacht:

6. Greif dir den Spieß

Wenn ein ganzes, großes Stück nahe der heißen Glut gegart werden soll, ist es gut, einen Drehspieß am Grill zu haben – das kann ein Gestell mit Kurbel über dem Lagerfeuer sein oder ein eigenes Küchengerät mit Motor im Deckel eines BBQ-Rolls-Royce. Wichtig ist, dass der Spieß sich stetig dreht, damit das Huhn oder der Rollbraten nach und nach überall Feuer bekommt, statt auf einer Seite anzubrennen. Vielmehr erhält beides auf diese Weise mit der Zeit eine schöne Kruste und das Fleisch ist am Ende durchgegart. Somit ist das Grillen „à la rotisseur" eine Mischform aus direktem und indirektem Grillen mit mal viel und mal wenig Hitze bei geschlossenem oder offenem Deckel. Die Stücke werden dabei gerne mit einer Glasur bepinselt (die lässt sie knuspriger werden) – aber nur, wenn man diese kurz vor dem Fertigwerden des Grillguts nicht mehr aufträgt.

Eine Ausnahme gibt es bei der Zubereitung von Döner und Gyros, zumindest so wie wir sie bei uns kennen: Bei diesen gewaltigen Fleischtürmen lässt man nur das Äußere am Drehgrill gar und knusprig werden, um es dann dünn herunterzuschneiden und das rohe Fleisch darunter der nächsten Grillrunde auszusetzen.

7. Pack's in den Korb

Für ganze Fische ist es am besten, wenn sie in einem speziellen Grillkorb der Grillglut ausgesetzt werden. Denn so lassen sie sich in jedem Fall ohne große Vorfälle oder Verluste wenden. Die Körbe eignen sich übrigens auch gut fürs kleine, schnelle Grillen von Fischfilets oder Gemüse, die auseinanderfallen können.

Vier Rezepte fürs Grillen im Großen

Roastbeef im Ganzen

„Spice Rub" mischen aus 1 EL edelsüßem Paprikapulver, 1 TL frisch gepresstem Zitronensaft, 1/2 TL frisch gemörsertem schwarzen Pfeffer, 1/4 TL Cayennepfeffer, 1 EL braunem Zucker und 1/2 TL getrocknetem Thymian. 1 kg Roastbeef mit der Würzmischung einreiben, 1 Stunde bei Raumtemperatur ziehen lassen. Dann das Roastbeef salzen und bei mittlerer Hitze auf jeder Seite 5 Minuten angrillen, anschließend mit geschlossenem Deckel 1 Stunde indirekt garen, dabei nach der Hälfte der Zeit wenden. Das Roastbeef 10 Minuten in Alufolie gewickelt ruhen lassen und erst danach aufschneiden, so ist es noch zarter.

Lammkarree im Ganzen

Bei 1 Lammkarree mit Fettrand das Fett einschneiden. Den frisch gepressten Saft von 1/4 Zitrone mit 1 EL Senf, 1 fein gewürfelten Knoblauchzehe und 1 TL getrocknetem Oregano verrühren. Würzmischung aufs Lamm streichen, 1 Stunde bei Raumtemperatur ziehen lassen. Dann Lammkarree salzen, pfeffern und auf der Fettseite 1–2 Minuten bei starker Hitze angrillen. Nun das Lammkarree auf der Knochenseite bei mittlerer Hitze und mit geschlossenem Deckel indirekt in 15–20 Minuten rosa grillen. Ruhen lassen? Siehe oben.

Schweinefilet im Ganzen

1 Schweinefilet (gut 300 g) mit einer Mischung aus 3 EL Öl, 1 EL Currypulver, 1/4 TL weißem Pfeffer und 1 TL getrocknetem Thymian einreiben, 1 Stunde bei Raumtemperatur ziehen lassen. Dann das Filet salzen, bei mittlerer Hitze rundum angrillen und danach zugedeckt unter mehrmaligem Wenden in 10–15 Minuten nicht ganz durchbraten. 5 Minuten in Folie ruhen lassen, in fingerdicke Scheiben schneiden.

Hendl im Ganzen am Spieß

2 TL Salz, 3 TL edelsüßes Paprikapulver, 1 TL Puderzucker, 1 TL frisch gepressten Zitronensaft und 4 EL Wasser verrühren. Die Haut von 1 Hähnchen (1,2 kg) mit etwa der Hälfte der Würzmischung einpinseln, die Bauchhöhle salzen, das Hähnchen 1 Stunde kühl stellen. Dann das Hähnchen trocken tupfen, am Spieß befestigen und in 25–30 cm Entfernung zur Glut 30 Minuten rotierend grillen. Nun die Entfernung auf 15–20 cm verringern und das Hähnchen immer wieder mit der restlichen Würzmischung bestreichen. Nach etwa 20 Minuten das Bestreichen einstellen und das Hähnchen weitere 15 Minuten garen lassen, bis die Haut schön knusprig ist.

Darf's ein bisschen Würze sein?

Garen über der Glut sorgt für viel Geschmack und verstärkt Aromen, die schon da sind. Damit kann man prima spielen.

Ein gutes Stück zum Essen und ordentliche Glut unterm Rost – da braucht es kaum noch etwas, damit es schmeckt. Trotzdem wird ums Würzen und Marinieren beim Grillen ein besonderer Kult betrieben. Das liegt zum einen daran, dass beim Spiel mit Feuer, Eiweiß und Aromen faszinierende Geschmacksveränderungen passieren können, die wir beim Kochen, Braten oder Backen nicht erleben. Das gilt sowohl fürs schnelle und starke als auch fürs langsame und sanfte Grillen. Und zum anderen garantiert die Glut guten Geschmack, warum sich manche (Männer) gerne an ein paar Gewürzexperimente mehr wagen. In kühlschranklosen Zeiten waren die wohl auch nötig, um das ganz spezielle Aroma von lang gelegenem Fleisch zu übertrumpfen. Das ist heute anders, weswegen wir erst mal nur zwei Dinge empfehlen:

an dem viel Haut, Knochen oder Schale ist wie Spareribs, Hähnchenkeulen oder Garnelen – hier braucht das Salz mehr Zeit zum Durchdringen.

Pfeffer und Salz

Ein gutes Steak in Marinade zu ertränken, das macht man nicht. Ist das Fleisch zart, und stammt es vom gepflegten Tier, ist es dazu fein marmoriert bis gut durchwachsen, stehen ihm Salz und Pfeffer oft am besten. So kann man etwa Pfefferkörner im Mörser grob zerstoßen und das Steak hineindrücken – fertig ist das Pfeffersteak. Jetzt wird es nur noch gesalzen. Jetzt? Ja, wenn gleich gegrillt wird, ist Salzen am Anfang am besten, weil es über der Glut die Aromabildung fördert. Zum Wasserziehen bleibt ihm nur Zeit, wenn das Steak länger liegt. Weswegen in diesem Fall auch in Marinaden kein Salz kommen sollte. Gleiches gilt auch für Fisch, Gemüse, ... Ausnahmen: Alles,

Öl, Essig und mehr

Mageres Fleisch, Fisch und Gemüse werden gerne in Öl-Marinaden eingelegt, in die oft Gewürze und Kräuter kommen. Das macht das Grillgut geschmeidig, während die Aromen durchdringen. Außerdem entsteht ein Film, der Empfindliches vorm Verbrennen und Anhängen auf dem Rost schützt. Nachteil: Öl tropft in die Glut, bildet Rauch und damit Schadstoffe. Besser sind daher Marinaden mit Zitronensaft, Essig oder Wein, deren Säure die Struktur von Fleisch und Fisch lockert und beides zarter macht. Das extralange Einlegen von Fleisch in Joghurt (oft in Verbindung mit starken Aromen) wird vor allem im Orient und auch in Indien gepflegt, wie etwa beim

Tandoori-Huhn. Es macht das Fleisch zart, mürbe und würzig. Honig und/oder Sojasauce sowie Ketchup in Marinaden sorgen für Glanz und Kruste, dabei darf es unter dem Rost aber nicht zu heiß sein – sonst wird alles zu schnell zu schwarz.

Gewürze, grob und fein

Um den Aroma-Kick zu geben, eignen sich neben Pfeffer auch andere grob zerkleinerte Gewürze gut: zerstoßene getrocknete Chilis oder Wacholderbeeren, Koriander-, Fenchel- und Kümmelsamen. Sie werden meist ins Fleisch gedrückt. Gemahlene Gewürze wie Curry, Paprika, Ingwer oder Zimt können als „Spice Rub" ins Fleisch oder Fisch- filet gerieben werden, welches entweder nur kurz oder bei geringer Hitze gegrillt werden muss, denn zu langes Grillen oder zu viel Hitze lässt die Gewürze verbrennen und bitter werden. Außer man rührt sie in Marinaden – vor allem mit Öl oder Joghurt.

Kräuter, fest und zart

Typische Grillkräuter sind robust und aromatisch. Dazu gehören festes Grünes aus dem Mittelmeerraum wie Lor- beerblätter, Oregano, Rosmarin, Salbei oder Thymian, aber auch Bohnenkraut oder Majoran. Sind die Kräuter getrocknet, werden sie zwischen den Handflächen zer- rebelt und in Marinaden gerührt. Frisch können die Blätt- chen von den Zweigen gestrichen, gehackt und direkt aufs Fleisch oder Fischfilet gedrückt oder die Kräuter als ganze Zweige in die Bauchhöhlen von Fischen gesteckt werden. Schick sieht es aus, Rosmarinzweige als Spieße zu verwenden (dann die Nadeln außer an der Spitze ab- streifen) oder zusammen mit anderen Kräutern zu einem Pinsel zu binden, der zum Auftragen von Glasuren ver- wendet wird. Zarte Kräuter mit viel Aroma wie Basilikum, Minze, Estragon oder Koriander kommen gehackt in Mari- naden und so an zarte Stücke, die nur kurz auf den Rost müssen – Fischfilet oder Pilze etwa.

Knoblauch, Chili und mehr

Nicht nur in Samen und Blättern, auch in Knollen, Zehen, Schoten und Wurzeln steckt viel Aroma für das Grillgut. Knoblauch, Schalotten, Chilis, Ingwer und Meerrettich geben zerkleinert groß Geschmack, meist in Marinaden. Auch Eingelegtes wie Kapern, Sardellenfilets und Oliven sowie Currypaste verleihen köstliche Würzigkeit.

Fünf zum Grillen und wie man sie würzt

Schweinefleisch

Der geduldige Klassiker – weil er durchgebraten werden darf, und gute Stücke mit Fett durchzogen sind, sodass sie saftig bleiben. Chili, Kümmel und Paprika, Majoran und Thymian, Knoblauch und Senf passen immer dazu. Interessant wird es mit Fenchel, Wacholder, Zimt oder Salbei am Fleisch oder in der Marinade. Die kann süßscharf sein und bei recht mageren Stücken gerne auf Ölbasis. Schweinefleisch darin 1 Stunde bei Raumtemperatur oder 1 Tag im Kühlschrank ziehen lassen.

Rindfleisch

Grillfleisch von Adel – weil es gut gereift und zumindest rosa gegart sein sollte, um aromatisch zart zu bleiben. Pfeffer und Chili aller Art, Rosmarin und Rotwein oder einfach nur Salz sind seine beliebtesten Begleiter beim Würzen. Frisch gerie- bener Ingwer oder Meerrettich, asiatische Fisch- oder Soja- sauce geben Marinaden einen besonderen Kick. Größere Stücke können 2 Stunden bei Raumtemperatur oder 2 Tage im Kühlschrank marinieren, kleinere 1 Stunde bzw. 1 Tag.

Lammfleisch

Schmeckt nach Urlaub im Süden – vor allem, wenn typische Aromen wie Oregano, Rosmarin, Knoblauch und Zitronen- schale dazukommen. Orientalisch wird's mit Kreuzkümmel, Kardamom, Safran oder Zimt. Aus Indien stammt die Idee, Lammfleisch in Joghurtmarinade zart zu machen. Auch Essig und Wein helfen dabei, Öl ist nur etwas für magere Stücke. Lamm wird wie Rind mariniert.

Geflügel

Innen zart und außen knusprig – Hähnchen oder Ente vom Grill finden fast alle toll. Besonders wenn Curry oder Paprika, Rosmarin oder Knoblauch mit dabei sind. Auf jeden Fall auch mal versuchen: Ingwer, Minze oder Salbei, Honig oder asiati- sche Sojasauce in der Marinade. Ziehen lässt man Geflügel immer im Kühlschrank – und das bis zu 12 Stunden lang.

Fisch

Der pure Genuss aus gutem Grund – denn langes Marinieren macht sein feines Fleisch trocken, vor allem, wenn Säure mit im Spiel ist. Da er aber Aromen schnell aufnimmt, ist dies ohnehin unnötig. Öl sowie Essig oder Zitronensaft in Maßen bekommen ihm gut, ebenso asiatische Soja- oder Fischsauce. Zu starke Aromen schaden ihm. Viel mehr als ein paar Prisen Curry oder Paprika und die Kraft von Rosmarin oder das Zarte von Estragon, Petersilie oder Minze braucht es kaum.

Rezepte

Fingerfood

Wer wird denn gleich mit dem Steak in den Liegestuhl fallen? Nehmen wir doch erst einmal einen unkomplizierten Aperitif im Stehen und dazu ein paar Kleinigkeiten vom Grill auf die Hand. Bei so einem Saté-Spießchen lässt sich nämlich prima vom letzten Urlaub erzählen. Und ein, zwei Mini-Focaccie mit Ricotta machen auch gleich schon mal ein bisschen satt. Jetzt schnell noch ein Zwiebelschiffchen mit auf den Weg genommen – dann kann's losgehen zur großen BBQ-Kreuzfahrt.

Fingerfood

Unser liebstes Aroma:
Die Zitrone

Dass Basic-Fans meist Zitronen-Fans sind, ist nicht richtig überraschend. Gerade beim Grillen kann die gelbe Geschmacksgranate eine Menge vollbringen: Marinaden erhalten durch ihren Saft eine angenehme Säure, die Fleisch und Fisch zarter macht. Kommt noch Zitronenschale mit dazu, geht das Aroma klar in Richtung Süden. In einem Dressing geben ein paar Spritzer Zitronensaft den letzten Kick. Und wenn man das äußere Gelbe erst fein reibt und dann mit Meersalz mörsert, schmeckt jedes damit gewürzte Stück nach Orient. Es geht aber auch ganz simpel: Zitrone halbieren, mit den Schnittflächen auf den Grill legen und dann Fleisch, Geflügel, Fisch, Gemüse, Obst mit der warmen Essenz beträufeln – damit gewinnt man immer.

Wie wär's mal mit ...
... Candlelight-Grillen?

Eine Einladung zum Grillen heißt meist: viele Leute, viel zu essen, viel Bier, viel Lärm. Weswegen ich meinen Gast schon ein bisschen kennen sollte, bevor ich ihn zum Candlelight-Grillen einlade. Schätzt mein Gegenüber eher die Lagerfeuerromantik als die Partystimmung am Rost und dazu kulinarische Überraschungen, ist das schon prima. Denn auf Balkon, Terrasse oder Flusskiesbank wartet ein kleiner, schnuckliger und blitzsauberer (!) Grill nur für zwei, in dem es am besten schon vorbildlich glühen sollte (niemand findet einen nervös fluchenden Gastgeber toll, der kein Feuer machen kann). Zum Aperitif gibt es vielleicht Thai-Melonen-Spieße (Seite 38) und damit gleich was zu reden. Die Hauptgerichte sollten nicht zu speziell (im Zweifel eine kleine Auswahl anbieten), einfach zu grillen (man wird leicht abgelenkt) und elegant zu essen sein (Lammkoteletts oder Garnelen in der Schale sind das alles nicht). Und beim Nachtisch darf es ruhig ein bisschen krachen – zu Grillbananen mit Schokolade (Seite 114) kann niemand Nein sagen.

Grill & Drink
Der Stenzz

„Sprizz" ist ja so was wie der neue ... ja was eigentlich? Prosecco? Pinot Grigio? Espresso? Denn Italophile trinken ihn im Sommer in allen Lebenslagen und zu jeder Essenszeit, ganz besonders im Süden Deutschlands. Und von dort stammt auch diese Weiterentwicklung mit Weißbier.

Dazu 4 Eiswürfel in ein Weißweinglas geben und 3 EL Aperol darübergießen. Je 1 ordentlichen Schluck Weißbier und Prosecco (Verhältnis 1:1) dazugeben, sodass das Glas zu drei Vierteln gefüllt ist. Mit Zitronenscheiben garnieren und servieren.

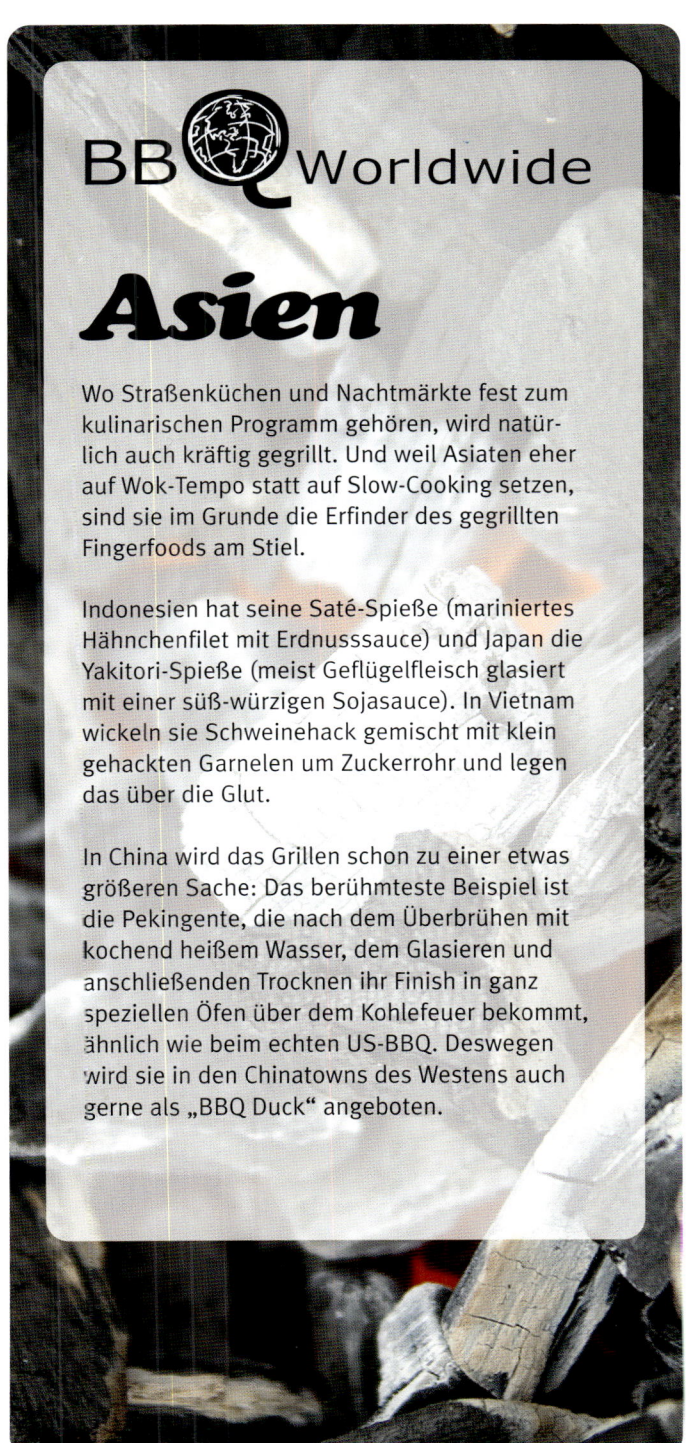

BBQ Worldwide

Asien

Wo Straßenküchen und Nachtmärkte fest zum kulinarischen Programm gehören, wird natürlich auch kräftig gegrillt. Und weil Asiaten eher auf Wok-Tempo statt auf Slow-Cooking setzen, sind sie im Grunde die Erfinder des gegrillten Fingerfoods am Stiel.

Indonesien hat seine Saté-Spieße (mariniertes Hähnchenfilet mit Erdnusssauce) und Japan die Yakitori-Spieße (meist Geflügelfleisch glasiert mit einer süß-würzigen Sojasauce). In Vietnam wickeln sie Schweinehack gemischt mit klein gehackten Garnelen um Zuckerrohr und legen das über die Glut.

In China wird das Grillen schon zu einer etwas größeren Sache: Das berühmteste Beispiel ist die Pekingente, die nach dem Überbrühen mit kochend heißem Wasser, dem Glasieren und anschließenden Trocknen ihr Finish in ganz speziellen Öfen über dem Kohlefeuer bekommt, ähnlich wie beim echten US-BBQ. Deswegen wird sie in den Chinatowns des Westens auch gerne als „BBQ Duck" angeboten.

Glut-Menschen Lady BBQ

Grillen ist männlich, wegen Steinzeit, Jäger statt Sammler, Feuereifer und so, you know? Geschenkt. Lady BBQ grillt auch gerne, nur lieber anders. Die Dame von Grill mag eher was Leichtes und schon mal was Neues, legt aber ebenso das Nackenkotelett für den Kerl auf und hat kein Problem damit, wenn er das selber drehen und wenden will – so lange sie bestimmt, wo es herkommt und wann es fertig ist. Sie sucht dabei keinen Schutz hinter einer Schürze, und wenn doch, dann sieht diese an ihr aus wie ein Abendkleid. Auch deswegen ist sie nie alleine am Grill, und keiner würde auf die Idee kommen, sich zum Essen zu setzen, solange sie dort noch steht. Weswegen Lady BBQ zur Essensausgabe die Grillzange immer ans Männchen übergibt, ihren schicken Strohhut wieder aufsetzt und dann ihren Platz einnimmt: Es darf serviert werden.

Grillbrote mit Zucchinitatar

Knuspriges für den Start
in den Grillabend

Zutaten für 4 Personen:
150 g kleine Zucchini
4 Stängel Minze
1/2 Bio-Zitrone
1 Stück Pecorino (etwa 25 g)
2 EL Olivenöl
Salz │ Pfeffer oder Chilipulver
8 Scheiben italienisches Weißbrot oder
große Baguettescheiben (mindestens
1 cm dick)

Zubereitungszeit: 20 Minuten
Kalorien pro Portion: 165 kcal

1_Die Zucchini waschen und die Enden
abschneiden. Die Zucchini grob raspeln
oder mittelfein hacken. Minze abbrausen
und trocken schütteln, die Blättchen abzupfen und in feine Streifen schneiden.
Zitrone heiß waschen und abtrocknen,
die Schale fein abreiben, 1 EL Saft auspressen. Den Pecorino grob raspeln.

2_Die Zucchini mit Minze, Zitronenschale
und -saft, dem Pecorino und dem Olivenöl
verrühren. Mit Salz und Pfeffer oder Chilipulver würzen.

3_Die Brotscheiben auf den Rost legen
und bei starker Hitze etwa 1 1/2 Minuten
grillen. Eventuell einmal leicht drehen, damit sich die Rillen des Rostes gitterförmig
abdrücken. Die Scheiben wenden und
noch mal so lang grillen.

4_Die Zucchinimischung auf den heißen
Brotscheiben verteilen. Kurz ziehen lassen,
bis der Käse ganz leicht anschmilzt, und
dann auch sofort essen.

VARIANTE: Basic-Grillbrote

Die Brotscheiben auf dem Rost bei starker Hitze pro Seite etwa 1 1/2 Minuten grillen. Zwischendurch leicht drehen, damit die Rillen auf dem Brot gitterförmig werden. 4 fleischige Knoblauchzehen schälen und jedem 1 Zehe auf den Teller legen. Jetzt kann's losgehen: Die heißen Brote auf die Teller geben und jeweils mit der Knoblauchzehe einreiben. Die Brote mit etwas Olivenöl beträufeln, salzen – am besten mit Salz aus der Mühle – und reinbeißen!

VARIANTE: Grillbrote mit Chilisardellen

1 rote Chilischote waschen, vom Stiel befreien und mit den Kernen sehr fein hacken. 1 Bund glatte Petersilie abbrausen und trocken schütteln, Blättchen abzupfen und fein hacken. 2 Knoblauchzehen schälen und erst in dünne Scheiben, dann in feine Stifte schneiden. 100 g Sardellenfilets in Öl mit den zerkleinerten Zutaten und 4 EL bestem Olivenöl mischen. 3–5 Stunden ziehen lassen, dann nochmals gut durchrühren. Auf den heißen (Basic-)Grillbroten verteilen und ... hmm...

VARIANTE: Grillbrote mit Käse-Oliven-Tatar

50 g entsteinte schwarze Oliven und 2 in Öl eingelegte getrocknete Tomaten fein hacken. 100 g Schafskäse (Feta) in kleine Stücke krümeln. 1 frische Tomate waschen und vom Stielansatz befreien, 1 Frühlingszwiebel waschen und putzen, beides fein hacken und mit 1 TL Thymianblättchen, Käse und Olivenmischung verrühren. 2 EL Olivenöl (oder saure Sahne) untermischen, mit Pfeffer und vielleicht 1 Prise Salz (Vorsicht, der Käse und die Oliven haben auch schon eine Menge davon) abschmecken. Auf die heißen (Basic-)Grillbrote verteilen, fertig.

VARIANTE: Bruschetta

250 g vollreife Tomaten waschen und in kleine Würfel schneiden, dabei die Stielansätze entfernen. 6 Stängel Basilikum oder 1 kleine Handvoll Rucola abbrausen, trocken schütteln und mit 2 geschälten Knoblauchzehen fein hacken. Alles mit 4 EL bestem Olivenöl mischen, mit Salz und Pfeffer abschmecken. Auf die heißen (Basic-)Grillbrote löffeln und auch gleich schmecken lassen.

Basic-TIPP

Es muss nicht immer Weißbrot sein, wenn's ums Brot zum Grillen geht. Wichtig ist vor allem, dass das Brot nicht zu kompakt ist, aber auch nicht so luftig, dass die Krume Löcher hat, durch die der Belag durchfällt. Statt Weißbrot schmecken vor allem Bauernbrot und lockere Mischbrote, aber auch herzhafte Brötchen (etwa Kornspitz) sind richtig fein.

Aussie Sausage Sandwiches

Wurstbrote auf Australisch

Zutaten für 4 Personen:
2 Zwiebeln
2 EL Öl
Salz | Pfeffer
4 grobe Bratwürstchen (nicht zu groß)
4 Scheiben Toastbrot
Ketchup (nach Bedarf)

Zubereitungszeit: 15 Minuten
Kalorien pro Portion: 520 kcal

1_Die Zwiebeln schälen, halbieren und in dünne Streifen schneiden. Eine grillfeste Pfanne auf den Rost stellen und das Öl hineingeben. Zwiebeln darin bei kleiner Hitze in etwa 10 Minuten braun rösten, dabei immer wieder mal wenden und zum Schluss leicht mit Salz und Pfeffer würzen.

2_Inzwischen die Würstchen neben der Pfanne auf den Rost legen und bei mittlerer Hitze rundherum in 5–6 Minuten schön knusprig braten.

3_Nun baut sich jeder sein eigenes Sausage Sandwich: Toastscheibe (mit einer Serviette drunter) in eine Hand nehmen und diese leicht schließen, sodass der Toast diagonal geknickt wird. In diesen Knick mit der Grillzange recht ordentlich Zwiebeln verteilen, darauf je 1 Würstchen und ordentlich Ketchup geben. Nun am besten gleich im Stehen aus der Hand essen, während in der anderen Hand ein eiskaltes Bier oder Ginger Ale sein sollte.

TIPP
Sausage Sandwiches werden in Australien sehr gern in großen Mengen gemacht und dann bei sogenannten „Sausage Sizzlers" für den guten oder kommunalen Zweck gegen eine Spende verteilt. Klassische Orte sind dafür Zelte am Strand, in denen die Lifesavers (Rettungsschwimmer) für die Vereinskasse grillen (oft auf Gasgrills mit Eisenplatten), oder Spielplätze und Nationalparks, in denen Elektroplatten-grills für jedermann zur Verfügung stehen. Australische Ehrensache, dass diese zum Schluss wieder blitzsauber sind.

Steak Salad Sandwiches

Hier wird nachher mariniert!

Zutaten für 4 Personen:
1 rote Paprikaschote
100 g Silberzwiebeln (aus dem Glas)
2 EL Silberzwiebelsud (von den Zwiebeln aus dem Glas)
3 EL Olivenöl
Salz | 1 TL Tabasco
2 Rindersteaks (je 200 g schwer und 2–3 cm dick, aus Filet oder Huft)
Pfeffer
1/4 Eisbergsalat
100 g Barbecue-Sauce (aus dem Glas)
1 Baguette (etwa 250 g)
extrastarke Alufolie

Zubereitungszeit: 30 Minuten
Kalorien pro Portion: 400 kcal

1_Die Paprikaschote halbieren, weiße Trennwände und Kerne entfernen, die Hälften waschen und in dünne Streifen schneiden. Die Silberzwiebeln vierteln. Beides mit Silberzwiebelsud, Öl, Salz und Tabasco vermischen.

2_Die Steaks salzen und pfeffern, auf den Rost legen und bei mittlerer Hitze auf jeder Seite 1 Minute grillen. Dann unter öfterem Wenden in etwa 5 Minuten medium braten. In Alufolie wickeln, abkühlen lassen.

3_Das Viertel Eisbergsalat putzen und in dünne Streifen schneiden, waschen und trocken schleudern oder tupfen.

4_Die Steaks aus der Folie wickeln, den Fleischsaft mit Barbecue-Sauce und der Paprikamischung vermengen. Die Steaks in dünne Streifen schneiden und ebenso daruntermengen, kurz marinieren lassen. Inzwischen das Baguette der Länge nach halbieren und mit den Schnittflächen nach unten auf den Rost legen, bei mittlerer Hitze kurz anrösten.

5_Die untere Baguettehälfte mit dem Eisbergsalat belegen und darauf den Steak-Paprika-Salat verteilen. Obere Baguettehälfte darauflegen und leicht andrücken. Das Baguette in vier Stücke teilen und die Sandwiches schmecken lassen.

Brotfritten vom Grill

Mit viel Gewürz dran

Zutaten für 8 Personen:
2 große Fladenbrote
1 Knoblauchzehe
1 EL edelsüßes Paprikapulver
1 TL Currypulver
1 TL getrockneter Oregano
1 EL Sesamsamen
8 EL Olivenöl
2 Bio-Orangen
200 g griechischer Naturjoghurt
Salz | Pfeffer
Alugrillschalen

Zubereitungszeit: 20 Minuten
Kalorien pro Portion: 520 kcal

1_Fladenbrote halbieren und die Hälften quer in 2 cm breite Streifen schneiden. Den Knoblauch schälen und fein hacken, dann mit Paprika, Curry, Oregano, Sesam und Öl verrühren.

2_Die Brotstreifen in eine große Schüssel geben, mit dem Würzöl beträufeln und darin wenden, 5 Minuten ziehen lassen.

3_Die Orangen in dicke Spalten schneiden. Den Joghurt in ein Schälchen geben und glatt verrühren.

4_Die Brotstreifen in den Grillschalen verteilen, auf den Rost stellen. Die Fritten bei mittlerer Hitze 5 Minuten rösten, dabei immer wieder wenden. Salzen, pfeffern und mit den Orangen zum Beträufeln und dem Joghurt zum Dippen servieren.

TIPP
Wer einen Grill mit Eisenplatte hat, kann die gewürzten Brotfritten auch direkt darauf zubereiten.

VARIANTE: Kartoffelfritten
Alle, die etwas mehr Zeit haben, können auch Fritten aus Kartoffeln machen. 800 g vorwiegend fest kochende Kartoffeln (am besten schön groß) waschen, samt Schale in 2 cm dicke Stäbchen schneiden und in der Marinade schwenken. Dann Kartoffeln in den Grillschalen so verteilen, dass sie nicht aufeinanderliegen, und zugedeckt bei mittlerer Hitze 10 Minuten ohne Wenden grillen. Danach in 15–20 Minuten offen und unter Wenden fertig grillen. Werden wie oben gewürzt und serviert.

Knoblauch-Kräuter-Brot

Heiß und knusprig aus der Folie

Zutaten für 4 Personen:
je 1/4 Bund glatte Petersilie,
Basilikum und Zitronenmelisse
4 Knoblauchzehen
80 g weiche Butter
Salz │ Pfeffer
1/2 Baguette
extrastarke Alufolie

Zubereitungszeit: 25 Minuten
Kalorien pro Portion: 240 kcal

1_Die Kräuter abbrausen und trocken schütteln, die Blättchen abzupfen und fein schneiden. Den Knoblauch schälen und durch die Presse in eine Schüssel drücken.

2_Die Butter mit den Kräutern zum Knoblauch geben, salzen, pfeffern und alles mit einer Gabel zerdrücken und gut miteinander vermengen. Das Baguette leicht schräg im Abstand von etwa 1 cm tief einschneiden, aber nicht ganz durchtrennen.

3_Jeden Einschnitt im Baguette etwas aufbiegen und mit Kräuterbutter ausstreichen. Die Einschnitte wieder zusammendrücken und das Baguette in Alufolie einwickeln – mit der glänzenden Seite nach innen.

4_Das Baguette auf den Rost legen und bei mittlerer Hitze in etwa 10 Minuten heiß und knusprig werden lassen. Nach der Hälfte der Zeit umdrehen. Baguette aus der Folie wickeln, in die einzelnen Scheiben teilen und schmecken lassen.

VARIANTE: Chili-Zitronen-Brot
2 rote Chilischoten waschen und den Stiel abschneiden, die Schoten mit den Kernen fein hacken. Mit der abgeriebenen Schale von 1/2 Bio-Zitrone und 2 TL Thymianblättchen unter 80 g weiche Butter mischen. Mit Salz und 1 Msp. Honig würzen. Statt der Knoblauch-Kräuter-Butter in den Einschnitten im Baguette verteilen.

TIPP
Der Grill ist super zum Aufbacken von nicht mehr ganz so knusprigem Brot. Das Brot am Stück oder in dickeren Scheiben ganz leicht mit Wasser besprtizen und pro Seite 1–2 Minuten auf den Rost legen.

Mini-Focaccie mit Ricotta

Fingerfood wie vom Italiener

Zutaten für 4 Personen:
150 g Mehl │ Salz
10 g frische Hefe (ersatzweise
1/2 Päckchen Trockenhefe)
5 EL Olivenöl (+ Öl für den Rost)
4 in Öl eingelegte getrocknete Tomaten
je 3 Stängel glatte Petersilie und
Basilikum
2 Frühlingszwiebeln (nur das knackige
Grün)
100 g Ricotta
Pfeffer

Zubereitungszeit: 40 Minuten
+ 1 Stunde Ruhen
Kalorien pro Portion: 300 kcal

1_Mehl mit 1 kräftigen Prise Salz mischen. Die Hefe zerkrümeln und mit 75 ml lauwarmem Wasser verrühren, bis sie sich aufgelöst hat. Mit 1 EL Öl zum Mehl geben und alles zu einem glatten geschmeidigen Teig verkneten. In eine Schüssel legen, zudecken und an einem warmen Ort etwa 1 Stunde ruhen lassen, bis der Teig ungefähr das Doppelte seines Volumens hat.

2_Für die Füllung Tomaten klein würfeln. Kräuter abbrausen und trocken schütteln, die Blättchen abzupfen und fein schneiden. Das Frühlingszwiebelgrün waschen, putzen und in feine Ringe schneiden oder auch hacken. Alle diese Zutaten mit Ricotta vermischen und mit Salz und Pfeffer würzen.

3_Den Teig noch mal durchkneten und in acht gleich große Portionen teilen. Jeweils zu einer Kugel formen und mit dem Nudelholz rund (etwa 12 cm Ø) ausrollen. Die Ricottacreme auf der Hälfte der Teigfladen verteilen, dabei rundherum gut 1 cm frei lassen. Die übrigen Fladen auflegen und die Ränder gut zusammendrücken. Die Focaccie mit etwas Öl einpinseln.

4_Rost leicht einölen und die Focaccie mit der geölten Seite nach unten auf den Rost legen, dann oben auch mit dem übrigen Olivenöl einpinseln. Bei mittlerer Hitze etwa 5 Minuten grillen. Wenn sich auf der Oberseite der Focaccie Blasen bilden und die Unterseite so fest wird, dass sie sich ganz leicht vom Grillrost lösen lässt, die Focaccie umdrehen und noch mal so lang grillen. Kurz ruhen lassen, dann aus der Hand essen.

VARIANTE: Pizzabrot vom Grill

Den Hefeteig wie beschrieben zubereiten und ausrollen. Jetzt alle Teigfladen einölen und mit der geölten Seite nach unten auf den Rost legen. Mit 4 Knoblauchzehen in ganz dünnen Scheiben und 8 Rosmarinzweigen in kleinen Stücken belegen, mit wenig Öl beträufeln, mit grobem Salz bestreuen und 5–6 Minuten grillen.

Tortillarollen

Schnell und beeindruckend

Zutaten für 4 Personen:
1 Bund Rucola
4 Tortillafladen (Fertigprodukt)
100 g Frischkäse
1/2 Bio-Zitrone
150 g dünne Scheiben Räucherlachs
Pfeffer
2 EL Öl (+ Öl für den Rost)

Zubereitungszeit: 25 Minuten
Kalorien pro Portion: 330 kcal

1_Den Rucola verlesen und dicke Stiele abknipsen. Rucola waschen und trocken schleudern oder tupfen.

2_Die Tortillafladen auf der Arbeitsfläche ausbreiten und mit dem Frischkäse bestreichen. Die Zitrone heiß waschen und abtrocknen, die Schale fein über den Frischkäse reiben. Mit Lachs und Rucola belegen, mit Pfeffer bestreuen und die Fladen aufrollen, Enden leicht andrücken. Die Rollen mit dem Öl einpinseln.

3_Den Rost ein wenig einölen. Die Tortillarollen auf den Rost legen und bei mittlerer Hitze etwa 3 Minuten grillen, umdrehen und noch mal so lang grillen. Dann noch auf jeweils den beiden anderen Seiten Farbe annehmen lassen. Ganz kurz ruhen lassen, leicht schräg in dicke Scheiben schneiden und servieren.

TIPP

Statt Räucherlachs schmeckt auch roh geräucherter oder gekochter Schinken in dünnen Scheiben. Den Rucola können Sie durch 50 g blanchierten Spinat ersetzen. Vegetarier nehmen statt Schinken oder Lachs einfach Schafskäse (Feta), den sie fein über Frischkäse und Rucola krümeln.

Pecorino mit Chilihonig

Schnell und gut!

Zutaten für 4 Personen:
1 rote Chilischote
2 Zweige Thymian
1 Stück Bio-Zitronenschale (etwa 2 cm)
2 EL flüssiger Honig
4 Scheiben gereifter Pecorino (jeweils
gut 1 cm dick)
1 EL Olivenöl
Alugrillschale (wer mag)

Zubereitungszeit: 20 Minuten
Kalorien pro Portion: 510 kcal

1_Die Chilischote waschen und vom Stiel
befreien, die Schote der Länge nach aufschneiden. Wer nicht so scharf essen will,
löst die Kerne raus. Wer's gerne feurig
mag, lässt sie drin. Die Schotenhälften in
feine Streifen schneiden. Den Thymian abbrausen und trocken schütteln, die Blättchen abstreifen. Die Zitronenschale in
hauchfeine Streifen schneiden.

2_Honig mit Chili, Thymian und Zitronenschale verrühren. Den Käse von der Rinde
befreien und leicht mit Öl einpinseln.

3_Die Käsescheiben auf den Rost legen
und bei starker Hitze etwa 2 Minuten
grillen. Umdrehen und noch mal so lange
rösten. Den Käse aber keinesfalls länger
auf dem Grill lassen, sonst fängt er an zu
„laufen". Wer ganz sicher gehen will, dass
der Käse nicht in die Glut tropft, legt ihn
in einer Alugrillschale auf den Rost.

4_Den gegrillten Käse auf Teller verteilen,
mit dem Chilihonig beträufeln und gleich
essen. Dazu schmeckt knuspriges Weißbrot oder gegrilltes Gemüse wie etwa
grüner Spargel und Frühlingszwiebeln.

TIPP
Schmeckt auch mit anderen Käsesorten:
Statt des Pecorinos mal Halloumi nehmen
oder Schafskäse und etwa 2 Minuten pro
Seite in der Grillschale grillen. Oder auch
kleine, flache Camemberts etwa 3 Minuten.

Austernpilze auf Knusper- brot

Mit zitronenfrischer Butter

Zutaten für 4 Personen:
12 große Austernpilze
1 Zweig Rosmarin
1/4 Bio-Zitrone
2 EL Olivenöl
Salz | Pfeffer
1 EL Kapern
1 Stängel Zitronenmelisse
50 g Butter
12 Scheiben Baguette

Zubereitungszeit: 30 Minuten
Kalorien pro Portion: 305 kcal

1_Die Austernpilze mit einem feuchten
Küchenpapier sauber abreiben, die zähen
Stiele abschneiden. Den Rosmarin abbrausen und trocken schütteln, die Blättchen abzupfen und fein hacken. Zitrone
heiß waschen und abtrocknen, die Schale
fein abreiben und 1 EL Saft auspressen.

2_Den Rosmarin mit Zitronensaft und Öl verrühren. Die Pilze damit einpinseln und mit Salz und Pfeffer würzen.

3_Die Kapern fein schneiden. Zitronenmelisse abbrausen und trocken schütteln, die Blättchen abzupfen und fein hacken. Zitronenschale, Kapern und Melisse zur Butter geben, mit Salz und Pfeffer würzen. Alles mit einer Gabel gut verkneten und vermischen.

4_Die Austernpilze auf den Rost legen und bei starker Hitze 7–8 Minuten grillen, dabei ab und zu wenden. Gut 2 Minuten vor Grillende die Brotscheiben für etwa 1 Minute auf den Rost legen. Wenden und die Kapernbutter darauf verteilen, nochmals 1 Minute grillen. Die Brote auf eine Platte legen, jeweils 1 Pilz daraufsetzen und die Knusperbrote gleich essen.

Kartoffeln am Spieß

Spanische Tapas-Variante

Zutaten für 4 Personen:
200 g Tomaten (ersatzweise geschälte Tomaten aus der Dose)
2 rote Chilischoten
1 kleine Zwiebel
2 Knoblauchzehen
1 kleiner Zweig Rosmarin
1 TL Tomatenmark
1 EL Olivenöl (+ Öl für den Rost)
Salz
400 g vorwiegend festkochende Kartoffeln
12 lange Holz- oder Metallspieße

Zubereitungszeit: 40 Minuten
Kalorien pro Portion: 90 kcal

1_Aus den Tomaten die Stielansätze herausschneiden. Tomaten in einer Schüssel mit kochend heißem Wasser überbrühen, kurz ziehen lassen, abschrecken und die Haut abziehen. Tomaten grob würfeln.

2_Die Chilischoten waschen und den Stiel entfernen. Zwiebel und Knoblauch schälen und mit den Chilischoten grob zerkleinern. Den Rosmarin abbrausen und trocken schütteln, Blättchen abzupfen. Tomaten mit der Zwiebelmischung, dem Rosmarin, dem Tomatenmark und dem Olivenöl fein pürieren und mit Salz abschmecken.

3_Die Kartoffeln schälen, waschen und in 2–3 cm große Würfel schneiden. Jeweils vier Würfel auf einen Spieß stecken. Den Rost mit Öl einpinseln. Die Kartoffeln mit der Tomatenmischung einpinseln, auf den Rost legen und bei mittlerer Hitze etwa 20 Minuten grillen, bis sie knusprig braun und weich sind. Dabei immer wieder umdrehen und mit der Tomatenmischung einstreichen. Am Spieß servieren.

TIPP

Die würzige Tomatenmischung passt auch zu anderen Gemüsen wie etwa Auberginen oder Zucchini. Aber sie schmeckt ebenfalls zu Fleisch und Fisch sehr fein: Fischfilets mit Haut, Garnelen, Nackensteaks vom Schwein oder dünne Hähnchenschnitzel damit einpinseln und grillen.

Bistro-Spieße

Mit Baguette & Champignons

Zutaten für 4–6 Personen:
500 g Champignons
2 kleine Stangen Lauch
1 sehr schmales Baguette
10 weiße Pfefferkörner
1 TL gelbe Senfsamen
1/4 l Olivenöl │ Salz
4–6 lange Holz- oder Metallspieße

Zubereitungszeit: 30 Minuten
+ 1 Stunde Marinieren
Kalorien pro Portion (bei 6 Personen):
190 kcal

1_Die Pilze putzen, dabei möglichst nur mit einem trockenen Tuch abreiben. Die dunklen Enden der Stiele abschneiden. Lauch putzen und längs halbieren, gründlich waschen und trocken schütteln. Die Lauchhälften in 2 cm breite Stücke teilen. Brot in fingerdicke Scheiben schneiden. Pilze, Lauch und Brot abwechselnd auf Spieße stecken.

2_Pfefferkörner im Mörser zerstoßen, die Senfsamen ebenso. Beides mit dem Öl verrühren. Die Spieße in einer Schale mit der Marinade übergießen und 1 Stunde bei Raumtemperatur marinieren lassen, dabei öfters wenden.

3_Die Spieße salzen, auf den Rost legen und bei mittlerer Hitze 5–6 Minuten unter öfterem Wenden grillen. Sofort servieren, dabei mit übriger Marinade beträufeln.

Thai-Melonen-Spieße

Mit süßer Schärfe

Zutaten für 4–6 Personen:
1 Honigmelone
1 Melone mit orangem Fruchtfleisch
(z. B. Netz- oder Charentais-Melone)
20 kleine Kirschtomaten
4 Stangen Zitronengras (etwa 15 cm lang, ersatzweise 8 Holz- oder Metallspieße)
2 rote Chilischoten │ 3 Bio-Limetten
4 EL Öl │ 1 TL Speisestärke
1 TL (Roh-)Rohrzucker
1 TL thailändische Currypaste (ersatzweise 1 EL Currypulver)
Salz

Zubereitungszeit: 30 Minuten
+ 15 Minuten Marinieren
Kalorien pro Portion (bei 6 Personen):
145 kcal

1_Melonen halbieren, Kerne mit einem Löffel entfernen und die Hälften jeweils in vier Spalten teilen. Mit dem Messer das Fruchtfleisch von den Schalen lösen und in fingerdicke Scheiben schneiden. Die Tomaten und das Zitronengras waschen, Zitronengrasstangen längs halbieren.

2_Chilis entstielen, längs halbieren und die Kerne entfernen, die Hälften waschen und fein hacken. 1 Limette heiß waschen und abtrocknen, die Schale fein abreiben. Den Saft von allen Limetten auspressen.

3_Limettensaft und -schale mit Öl, Stärke, Zucker und der Currypaste verrühren und die Melonen darin 15 Minuten bei Raumtemperatur durchziehen lassen. Dann die Melonenstücke und die Tomaten auf die Zitronengrasstängel stecken.

4_Die Spieße auf den Rost legen und bei mittlerer Hitze auf jeder Seite 2–3 Minuten grillen, dabei mit der übrigen Marinade bestreichen. Vorm Servieren noch salzen.

September-Spieße

Mit Kürbis & Kartoffeln

Zutaten für 4–6 Personen:
500 g kleine festkochende Kartoffeln
Salz │ 1 Hokkaido-Kürbis (500 g)
1 rote Paprikaschote
2 rote Zwiebeln │ 2 Knoblauchzehen
1 EL grüne Pfefferkörner (aus dem Glas)
1/4 l Sonnenblumenöl
2 Zitronen
4–6 lange Holz- oder Metallspieße

Zubereitungszeit: 1 Stunde
+ 1 Stunde Marinieren
Kalorien pro Portion (bei 6 Personen):
100 kcal

1_Kartoffeln waschen und in Salzwasser in 20–25 Min. bissfest kochen. Noch heiß pellen und abkühlen lassen.

2_Kürbis waschen, halbieren, entkernen und in mundgerechte Stücke schneiden. Die Paprikaschote halbieren, weiße Trennwände und Kerne entfernen, die Hälften waschen und in mundgerechte Stücke schneiden. Zwiebeln schälen und vierteln.

3_Knoblauch schälen und mit dem Pfeffer hacken, mit dem Öl verrühren. Kartoffeln, Kürbis, Paprika und Zwiebeln damit übergießen und vermischen. Etwa 1 Stunde bei Raumtemperatur marinieren lassen. Dann die Zitronen halbieren.

4_Kartoffeln, Kürbis, Paprika und Zwiebeln abwechselnd auf die Spieße stecken, mit Salz würzen. Spieße auf den Rost legen und bei mittlerer Hitze 10–12 Minuten zugedeckt grillen, dabei ab und zu wenden. Gegen Grillende die Zitronen 2–3 Minuten auf der Schnittfläche mitgrillen, zu den Spießen servieren.

Speckdatteln

Vom Spießchen in den Mund!

Zutaten für 4 Personen:
150 g fleischige Datteln (frisch oder getrocknet)
etwa 12 gehäutete Mandeln (wer mag)
2 EL frisch gepresster Zitronensaft
2 EL Sherry (wer mag)
1 Prise Chilipulver
150 g durchwachsener Räucherspeck oder Bacon (in dünnen Scheiben)
Zahnstocher
Öl für den Rost

Zubereitungszeit: 20 Minuten
Kalorien pro Portion: 325 kcal

1_Die Datteln längs einschneiden und aufklappen, die Kerne herauslösen. Wer mag, legt jetzt statt des Kernes 1 Mandel in jede Dattel.

2_Den Zitronensaft eventuell mit dem Sherry verrühren, mit Chili würzen. Über die Datteln träufeln und kurz (oder auch ein bisschen länger) ziehen lassen.

3_Die Speck- oder Baconscheiben je nach Größe ein- oder zweimal durchschneiden. Die Stücke sollen so groß sein, dass sich jeweils eine Dattel gut darin einpacken lässt. Die Datteln auf Speck oder Bacon legen und darin einrollen, jeweils mit einem Zahnstocher feststecken.

4_Den Rost einölen. Die Datteln auf den Rost legen und bei starker Hitze 4–5 Minuten grillen, bis sie eine knusprige Hülle haben. Zwischendurch einmal umdrehen.

Mini-Saté-Spießchen

Asiatisches Fingerfood für Feinschmecker!

Zutaten für 4 Personen:
400 g Hähnchenbrust- oder Schweinefilet
je 2 EL normale und süße Sojasauce (Kecap manis)
100 g Erdnusscreme
100 ml Kokosmilch
2 TL rote Currypaste
1 EL frisch gepresster Zitronensaft
Salz | 1 Prise Zucker
16 lange Holzspieße
Öl für den Rost

Zubereitungszeit: 35 Minuten
+ 1 Stunde Marinieren
Kalorien pro Portion: 285 kcal

1_Das Fleisch in sehr dünne Scheiben schneiden und mit den beiden Sojasaucen mischen, 1 Stunde marinieren lassen. In der Zeit die Spieße in Wasser einweichen.

2_Dann für die Sauce die Erdnusscreme mit der Kokosmilch und der Currypaste mit dem Pürierstab durchmixen und mit dem Zitronensaft, Salz und Zucker abschmecken.

3_Die Spieße aus dem Wasser nehmen. Das Fleisch ziehharmonikaartig daraufspießen. Den Rost einölen.

4_Die kleinen Saté-Spieße auf den Rost legen und bei starker Hitze auf jeder Seite etwa 4 Minuten grillen. Das Fleisch in die Sauce tunken und von den Spießchen abknabbern.

TIPP

Wer möchte, kann die Datteln auch auf lange Holz- oder Metallspieße stecken und grillen.

VARIANTE: Parma-Feigen

12 getrocknete Feigen von den harten Stielen befreien, 50 g Blauschimmelkäse in 12 flache Stücke schneiden. Die Feigen horizontal halbieren und jeweils 1 Stück Käse auf die unteren Hälften legen, mit den oberen Hälften belegen. 6 Scheiben Parmaschinken halbieren und mit der abgeriebenen Schale von 1/2 Bio-Zitrone und 1 TL Thymianblättchen bestreuen. Je 1 Feige in ein Schinkenstück einwickeln. Die Feigen wie die Datteln grillen.

Zwiebel-schiffchen

Gut und günstig

Zutaten für 4 Personen:
2 große rote Zwiebeln (je etwa 200 g)
50 g durchwachsener Räucherspeck
oder Bacon (in dünnen Scheiben)
2 Knoblauchzehen
1/2 Bund Schnittlauch
50 g Semmelbrösel
50 g frisch geriebener Bergkäse
1 EL Öl (+ Öl für den Rost)
3 EL saure Sahne
Salz | Pfeffer
frisch geriebene Muskatnuss

Zubereitungszeit: 30 Minuten
Kalorien pro Portion: 230 kcal

1_Die Zwiebeln schälen und vierteln. Von jedem Viertel 3–4 äußere Schichten einzeln ablösen. Von dem Rest etwa 1 EL sehr fein würfeln.

2_Speck oder Bacon ganz klein würfeln. Knoblauch schälen und durchpressen. Den Schnittlauch abbrausen, trocken schütteln und in Röllchen schneiden.

3_Das gewürfelte Zwiebelfleisch, Speck oder Bacon, Knoblauch und Schnittlauch mit den Semmelbröseln, dem Käse, dem Öl und der sauren Sahne verrühren und mit Salz, Pfeffer und Muskat abschmecken. Die Mischung mit den Fingern dünn auf den Zwiebelvierteln verteilen.

4_Den Rost einölen. Die Zwiebelschiffchen auf den Rost legen und bei mittlerer Hitze 8–10 Minuten grillen, bis sie braun und sichtbar weicher sind.

VARIANTE: Mett-Zwiebel-schiffchen

Anstatt der Brösel-Bergkäse-Mischung 100 g frisches Schweinemett mit 1 sehr fein gewürfelten roten Zwiebel, 1 kleinen gewürfelten Tomate und 2 TL Thymianblättchen mischen. Mit Salz, Pfeffer und 1 Prise frisch geriebener Muskatnuss würzen. Wie beschrieben in die Zwiebelviertel streichen und grillen.

Gefüllte Pilze

Einfach aufgabeln!

Zutaten für 4 Personen:
400 g große Champignons oder Egerlinge (um die 5 cm Ø ist ideal)
1 Stück rote Paprikaschote (etwa 100 g)
1 kleiner Zucchino (etwa 100 g)
4 Zweige Thymian
1 kleine Chilischote (wer mag)
75 g Schafskäse (Feta)
1 EL Olivenöl (+ Öl für den Rost)
Salz

Zubereitungszeit: 25 Minuten
Kalorien pro Portion: 90 kcal

1_Die Pilze mit feuchtem Küchenpapier sauber abreiben, die Stiele herausdrehen und die Enden abschneiden. Das Paprikastück und den Zucchino waschen, putzen und mit den Pilzstielen in möglichst kleine Würfel schneiden.

2_Den Thymian abbrausen und trocken schütteln, die Blättchen abstreifen. Wer mag: Die Chilischote waschen, den Stiel abschneiden und die Schote mit den Kernen fein hacken.

3_Schafskäse mit den Fingern in kleine Stücke krümeln und mit dem Gemüse, dem Thymian, dem Öl und eventuell der Chilischote verrühren, mit Salz würzen. Die Füllung in die Pilzhüte löffeln.

4_Den Rost einölen. Die gefüllten Pilze daraufsetzen und bei mittlerer Hitze etwa 10 Minuten grillen, bis die Pilze schrumpelig sind, und die Füllung etwas geschmolzen ist.

TIPP

Die Pilze werden so natürlich nur an der Unterseite richtig schön braun. Aber auch die Füllung bekommt eine ganz leichte Bräune und die Pilze insgesamt einen sehr feinen Grillgeschmack.

Gefüllte Spitzpaprika

Schmecken warm, auwarm und auch kalt!

Zutaten für 4 Personen:
12 kleine schlanke Spitzpaprika (hellgrün oder rot oder noch besser gemischt, etwa 400 g)
1 EL schwarze Oliven
2 in Öl eingelegte getrocknete Tomaten
1/2 Bund Basilikum
1 Stück Bio-Zitronenschale (etwa 1 cm)
125 g Ricotta
50 g frisch geriebener Pecorino
Salz | Pfeffer
1 Prise Chilipulver (wer mag)
1 EL Olivenöl (+ Öl für den Rost)

Zubereitungszeit: 45 Minuten
Kalorien pro Portion: 155 kcal

1_Die Paprika waschen und jeweils auf der Stielseite einen Deckel abschneiden. Die weißen Trennwände und die Kerne aus dem Inneren herauszupfen. Das Fleisch von den Deckeln fein schneiden.

2_Das Olivenfleisch von den Steinen abschneiden, mit den Tomaten fein hacken. Die Basilikumblättchen abzupfen und mit der Zitronenschale fein schneiden.

3_Ricotta mit dem Pecorino verrühren, Oliven, Tomaten, gehackte Paprikadeckel, Basilikum und Zitronenschale unterrühren und mit Salz und Pfeffer und eventuell Chilipulver abschmecken. Die Mischung in die Paprika füllen, aber nicht ganz bis zum Rand, sonst läuft beim Grillen zu viel aus. Die Schoten außen mit Olivenöl einpinseln.

4_Den Rost einölen. Die Paprikaschoten auf den Rost legen und bei mittlerer Hitze 12–15 Minuten grillen, bis sie schön braun sind. Dabei ab und zu umdrehen.

VARIANTE: Paprika mit Schafskäsefüllung

200 g Schafskäse (Feta) in acht längliche Stücke schneiden. Mit 2 TL fein gehacktem Oregano, 1/2 TL fein gehackter Bio-Zitronenschale und 1 EL Olivenöl mischen, pfeffern, in die Schoten füllen. Schoten wie beschrieben einölen und grillen.

Fleisch & Wurst

„Och, schon wieder nur Fleisch, können wir nicht mal was Originelles grillen?"
Na klar, wie wär's denn mit Saltimbocca- oder Lamm-Feta-Spießen? Oder mit
Wurst und Zwetschgen am Spieß? Oder mit einem Mangoldwürstchen? Oder
vielleicht einem Teller voll Ingwer-Zitrus-Pflanzerl? „Ui, das klingt aufregend.
Aber etwas Klassisches gibt's schon auch?" Bitte sehr: Lammkoteletts (mit viel
Knoblauch), Nackensteaks (in Bier mariniert), Schnitzel (mit Käse gefüllt),
Leberkäse (mit Senfglasur) und Bratwurst (mit Tomatentatar). „Ja dann ..."

Fleisch & Wurst

Unser liebstes Aroma:
Der Pfeffer

Wir finden: Die Pfefferschärfe bereichert das Grillen oft mehr als Chilischärfe, die leicht zu viel des „Heißen" sein kann. Pfefferkörner bringen nicht nur reichen, sondern auch vielseitigen Geschmack an das Grillgut: die weißen – gereift und getrocknet, ohne Schale und mit feinem, runden Aroma, das sehr gut zu hellem, eher sanft gegrilltem Fleisch passt; die grünen – nicht ganz reif geerntet und ungeschält mit einer frischen, leicht spritzigen Note, was super in Marinaden wirkt; die schwarzen – die grünen in trocken und mit allen vier Geschmacksrichtungen von herb über süß und sauer bis scharf. Grob geschrotet kommt Pfeffer noch besser zur Geltung, am allerbesten bei einem stattlichen Rindersteak.

Wie wär's mal mit ...
... Wintergrillen?

Wie, Ihr kennt Wintergrillen noch nicht? Noch keine Einladung bekommen zum BBQ auf einer verschneiten Terrasse oder vor einer romantischen Hütte hoch in den Bergen? Dann wird's aber Zeit, das selbst in die Hand zu nehmen. Wir brauchen: einen sonnigen Platz (Wintergrillen findet tagsüber statt, weil es da wärmer und der Schnee schöner zu sehen ist) nicht zu weit weg von der warmen Küche (Wintergrillen läuft eher im Privaten ab als an öffentlichen Grillplätzen oder gar Flussufern); einen zuverlässigen Grillmeister, der auch bei Schneetreiben die Glut zum Glühen bringt; einen robusten Grill, der die Hitze auch bei Minusgraden gut halten kann; eher Kräftiges für den Rost, denn hey, Wintergrillen ist nichts für Weichtiere (und auch nichts für Ungeduldige – in der Kälte dauert nun mal alles etwas länger auf dem Grill, was man übrigens auch an einem recht durchwachsenen Sommerabend erleben kann); etwas Warmes in der Tasse, Glühwein bietet sich da natürlich an (aber auch ein heißer Apfel-Orangen-Saftmix); einen schneefreien Sitzplatz und nicht zu viel Fingerfood (wegen der Handschuhe); abenteuerlustige Gäste; keine Kühlbox.

Grill & Drink
Ice Cream Spider

Wir wissen nicht, warum dieser Drink diesen Namen trägt – vielleicht weil er so schön Schaum macht, und dieser von oben ein wenig wie ein Spinnennetz aussieht. Egal, Hauptsache es bizzelt und schmeichelt zugleich.

Für 4 Drinks werden 4 reife Passionsfrüchte (deren Schale dann schon knittrig ist) halbiert und das Fruchtfleisch samt Kernen herausgekratzt. Das wird mit dem Saft von 2 Orangen gemixt und auf vier hohe, eiskalte Gläser gegossen. Je 1 Kugel Vanilleeis hineingeben und mit Ginger Ale auffüllen, dass es nur so schäumt. Gleich mit Strohhalm servieren.

BBQ Worldwide

USA

Wenn es ums Barbecue geht, sind die USA beides zugleich: das Land der unbegrenzten Möglichkeiten und eine in sich geschlossene Wagenburg wie einst zu Pionierzeiten. In der treffen sich verschwörerische Zirkel mit bierernsten Mienen, um so geheime wie unabänderliche Rezepturen und Rituale auszutauschen und sich bei Wettbewerben in Disziplinen zu feiern, die außerhalb dieses Kreises keiner versteht. Zugleich kann man dabei die fröhlichsten Feste, kuriosesten Zubereitungen und auch absurdesten Grillvorrichtungen dieser Welt entdecken, die alle zu einem Ergebnis führen: dass es nirgendwo sonst eine wildere und strengere, vielfältigere und einseitigere, verrücktere und alltäglichere Grillkultur als in den USA gibt. Hier werden Marshmallows überm Lagerfeuer und ganze Rinderrücken in selbstgebauten Science-Fiction-Grills gegart, hier gibt es 1001 Dips für jeden Anlass und zu allem Ketchup, hier erhält man mitten in Manhattan japanische Rindersteaks vom Grill für ein Monatsgehalt und im Suburb-Garten einen Cheeseburger vom Rost gratis für die neuen Nachbarn. Hier gilt: „Dass die Erde eine Kugel ist, wussten wir schon ewig – denn unser Grill ist es schließlich auch."

Glut-Menschen Naturburschen

Ein Gasgrill kommt für sie natürlich gar nicht in Frage, Elektrogrills existieren für sie überhaupt nicht, und wer Grillbriketts statt Holzkohle zum Glühen bringt, der legt in ihren Augen auch Formfleisch statt Steaks auf den Rost. Das machen sie natürlich nicht, womit wir beim Positiven wären: Denn auch wenn Naturburschen mit ihrer Indianer-statt-Cowboy-Mentalität ein bisschen nerven können, gibt es bei ihnen immer was Ordentliches zu essen. Gut abgehangene Steaks vom Blutsbruder Metzger, ganz frische Fische, die zumindest eigenhändig ausgesucht wurden, und Gemüse so bunt wie der Indian Summer, auf deren Zubereitung man sich ebenso versteht wie aufs Feuermachen bei Starkregen mitten in der Wüste. Und das kann bei einem ganz normalen Grillabend im Garten zur Unterforderung der Naturburschen und zur Überlastung der Gäste führen, worauf sich sorgende Partner mit der Errichtung eines Steinkreises etwas abseits des Geschehens und dem Besorgen von Bio-Holzkohle für alle Fälle reagieren. Dann wird alles gut.

Lammkoteletts mit Knoblauch

Für wahre Knoblauchfans!

Zutaten für 4 Personen:
2 große (frische) Knoblauchknollen
(nicht Zehen!!)
8 Lammkoteletts (je etwa 160 g
schwer und 2 cm dick)
Salz | Pfeffer
1 TL flüssiger Honig
4 EL Olivenöl (+ Öl für den Rost)
1 Stück Bio-Zitronenschale (etwa 2 cm)
4 Zweige Thymian
2 TL frisch gepresster Zitronensaft

Zubereitungszeit: 35 Minuten
Kalorien pro Portion: 805 kcal

1_Die Knoblauchknollen waschen und
quer halbieren. Den Rost gut einölen und
die Knollen mit den Schnittflächen nach
unten darauflegen. Knoblauch bei mittlerer Hitze 5 Minuten vorgrillen, wenden
und nochmals 5 Minuten grillen.

2_Inzwischen Lammkoteletts mit einem
feuchten Tuch abwischen und dabei die
Knochensplitter entfernen. Koteletts auf
beiden Seiten mit Salz und Pfeffer würzen.

3_Den Honig mit 1 TL Olivenöl, Salz und
Pfeffer verrühren. Die Zitronenschale fein
hacken, Thymian waschen und trocken
schütteln, die Blättchen abstreifen. Die
Zitronenschale, den Thymian und den Zitronensaft mit übrigem Öl verrühren.

4_Die Knoblauchknollen mit dem Honig-
öl bepinseln. Die Lammkoteletts auf den
Rost legen und bei starker Hitze etwa
5 Minuten grillen. Wenden und auf der
gegrillten Seite mit etwas Zitronenöl beträufeln. Weitere 5 Minuten grillen. Die
Lammkoteletts sind dann innen rosa. Wer
sie ganz durch lieber mag, gibt pro Seite
1–2 Minuten zu.

5_Den Knoblauch nochmal kurz auf den Schnittflächen grillen. Die Lammkoteletts umdrehen, mit dem Rest vom Zitronenöl beträufeln und gleich auf den Tisch stellen. Den Knoblauch gibt's dazu. Einfach das weiche Knoblauchfleisch aus den Schalen lösen, aufs Fleisch legen oder auf Brot streichen und schmecken lassen.

TIPP

Als Beilage Zucchini- und Auberginenscheiben und Paprikastreifen leicht ölen und mitgrillen. Auch dazu passt der Knoblauch perfekt.

Basic-TIPP

Zum Knoblauch wie zum Zwiebelsalat passen auch Rinder- und Kalbssteaks sowie Schweine- und Kalbskoteletts. Steaks von Rind oder Kalb von 2–3 cm Dicke brauchen bei starker Hitze pro Seite 2 Minuten, wenn man sie blutig mag, 4 Minuten wenn sie medium und 6 Minuten wenn sie durch sein sollen. Ein 2–3 cm dickes Schweinekotelett ist nach insgesamt 15–20 Minuten bei mittlerer Hitze fertig, ein Kalbskotelett nach 12–14 Minuten.

Nackensteaks mit Zwiebelsalat

Hier kommt auch der Salat vom Grill!

Zutaten für 4 Personen:
4 rote Zwiebeln
4 EL Olivenöl (+ Öl für die Grillschale und den Rost)
Salz | Pfeffer
4 Schweinenackensteaks (je etwa 180 g schwer und 2 cm dick)
1/4 Bund glatte Petersilie
1 EL Rotweinessig
1 TL süßer Senf
1/2 TL rosenscharfes Paprikapulver
Alugrillschale

Zubereitungszeit: 40 Minuten
Kalorien pro Portion: 450 kcal

1_Die Zwiebeln schälen, vierteln und in ungefähr 1 cm breite Streifen schneiden. Mit 2 EL Olivenöl, Salz und Pfeffer vermischen. Die Nackensteaks auf beiden Seiten mit Salz und Pfeffer würzen.

2_Die Petersilie abbrausen und trocken schütteln, die Blättchen abzupfen und fein hacken. Mit Essig, Senf, Paprika und Salz verrühren, übriges Öl unterschlagen.

3_Die Alugrillschale gut einölen und die Zwiebelstreifen darin verteilen. Zwiebeln bei mittlerer Hitze etwa 10 Minuten grillen, bis sie leicht gebräunt und noch knackig sind. Mit der Salatsauce mischen, lauwarm abkühlen lassen.

4_Den Rost einölen. Die Nackensteaks darauflegen und pro Seite etwa 6 Minuten grillen. Mit dem Zwiebelsalat servieren. Dazu schmecken außerdem Laugenbrezen oder ein Kartoffelsalat (siehe Seite 130).

Gefüllte Schnitzel

Mit saftigem Kern

Zutaten für 4 Personen:
4 Schweine- oder Kalbsschnitzel (je
etwa 150 g schwer und 2 cm dick,
Putenschnitzel sind auch fein)
6 in Öl eingelegte getrocknete Tomaten
4 Stängel Basilikum
1 Zitrone
4 Scheiben Taleggio oder junger Fontina
(je etwa 30 g)
Salz │ Pfeffer
2 EL Olivenöl (+ Öl für den Rost)
Zahnstocher

Zubereitungszeit: 35 Minuten
Kalorien pro Portion: 310 kcal

1_In jedes Schnitzel auf einer Längsseite
eine Tasche einschneiden. Aber nur so
weit einschneiden, dass die übrigen drei
Seiten noch gut verschlossen sind.

2_Tomaten in dünne Streifen schneiden.
Basilikumblättchen abzupfen und kleiner
schneiden. Die Zitrone in dicke Spalten
schneiden.

3_In jede Schnitzeltasche 1 Käsescheibe
legen und mit den Tomatenstreifen und
dem Basilikum bedecken. Die Öffnungen
mit Zahnstochern verschließen. Die gefüllten Schnitzel mit Salz und Pfeffer
würzen und mit dem Öl einpinseln.

4_Den Rost einölen. Die Schnitzel auf
den Rost legen und bei mittlerer Hitze
auf jeder Seite etwa 6 Minuten grillen.
Mit den Zitronenspalten servieren. Dazu
schmeckt Weißbrot oder der Tomatensalat mit Knusperbrot von Seite 131.

TIPP

Wenn die Schnitzel schon geschnitten in
der Fleischtheke liegen, sind sie oftmals
dünner als 2 cm. In diesem Fall einfach
etwas größere Schnitzel nehmen. Jedes
Schnitzel zur Hälfte mit Käse und Tomaten
belegen, zusammenklappen und seitlich
mit Zahnstochern verschließen.

Lammsteaks mit Gurken-schafskäse

Mit einem würzigen Topping
als Krönung

Zutaten für 4 Personen:
1/2 Salatgurke (etwa 200 g)
100 g Schafskäse (Feta)
1 Stängel Minze
1 Knoblauchzehe
1 Stück Bio-Zitronenschale (3–4 cm)
1 EL Olivenöl (+ Öl für den Rost)
Salz │ Pfeffer
4 Lammsteaks (je etwa 200 g schwer
und 2 cm dick, aus der Keule)

Zubereitungszeit: 25 Minuten
Kalorien pro Portion: 550 kcal

1_Die Gurke schälen oder gut waschen
und der Länge nach durchschneiden. Die
Kerne aus der Mitte mit einem Teelöffel
herausschaben. Das Gurkenfleisch klein
würfeln. Den Schafskäse in kleine Stücke
krümeln. Minze abbrausen und trocken
schütteln, die Blättchen abzupfen. Den
Knoblauch schälen und mit der Minze
und der Zitronenschale fein hacken.

2_Gurke, Käse, Minzmischung und das Öl vermengen und mit Salz und Pfeffer würzig abschmecken.

3_Die Lammsteaks nur von großen Fettstücken befreien, eventuell den Fettrand einschneiden. Fleisch auf beiden Seiten leicht salzen und pfeffern.

4_Den Rost einölen. Lammsteaks auf den Rost legen und bei mittlerer Hitze etwa 5 Minuten grillen. Umdrehen und jeweils gut 1 TL von dem Gurkenfeta daraufflöffeln. Die Lammsteaks weitere 5 Minuten grillen. Frisch vom Grill mit dem restlichen Gurkenfeta servieren.

VARIANTE: Tomatenkäse

125 g klein gewürfelten Mozzarella mit 150 g klein gewürfelten Tomaten, 1 EL Olivenöl und 2 durchgepressten Knoblauchzehen mischen. Salzen, pfeffern und nach dem Wenden statt des Gurkenfetas auf den Steaks verteilen. Den Rest der Mischung extra mit auf den Tisch stellen.

Pfeffersteaks mit Kräutern

Herb, aber nicht derb

Zutaten für 4 Personen:
3 EL Öl
3 EL Weißwein
4 Entrecôtes (je 200–250 g schwer und 2–3 cm dick)
1 Zweig Rosmarin
1 großes Lorbeerblatt
1 EL schwarze Pfefferkörner
1 EL weiße Pfefferkörner
1 TL Steakpfeffer
Salz

Zubereitungszeit: 20 Minuten
+ 4 1/2 Stunden Marinieren
Kalorien pro Portion: 370 kcal

1_Das Öl und den Wein miteinander verrühren und die Entrecôtes darin wenden. Abgedeckt 4 Stunden im Kühlschrank durchziehen lassen.

2_Den Rosmarin abbrausen und trocken schütteln, Blättchen abstreifen und samt dem Lorbeerblatt fein hacken. Die Pfefferkörner im Mörser zerstoßen und mit dem Steakpfeffer und den Kräutern mischen.

3_Die Steaks mit Küchenpapier sehr gut trocken tupfen, auf beiden Seiten mit der Pfeffermischung bestreuen und diese fest andrücken. Die Steaks 30 Minuten bei Raumtemperatur ruhen lassen.

4_Die Entrecôtes mit Salz würzen, auf den Rost legen und bei mittlerer Hitze 1 Minute grillen, wenden und 1 Minute grillen. Dann unter öfterem Wenden je nach Dicke und Wunsch in 3–6 Minuten rare bis medium grillen. Zum Schluss am besten noch etwa 5 Minuten zugedeckt neben dem Grill ruhen lassen – wenn die Gäste das zulassen.

TIPP

Feingriller können statt dem durchwachsenen Entrecôte auch ein mageres Filetsteak nehmen oder, wenn es nicht ganz so teuer sein soll, ein gut abgehangenes Huftsteak. Großgriller greifen vielleicht lieber zum Ochsenkotelett oder T-Bone-Steak, wenn das der Vertrauensmetzger zur Hand hat. Wichtig ist, dass die Pfeffermischung gut angedrückt wird, damit sie nicht durch den Rost fällt.

Beerlover's Steak

Schweinenacken in Bier

Zutaten für 4 Personen:
4 Knoblauchzehen
1/2 Zitrone
1 TL getrockneter Thymian
2 EL edelsüßes Paprikapulver
1 EL scharfer Senf
1 EL Sojasauce
1/8 l helles Bier
4 Schweinenackensteaks (je etwa
200 g schwer und 2 cm dick)
Salz | Pfeffer

Zubereitungszeit: 30 Minuten
+ 3 Stunden Marinieren
Kalorien pro Portion: 415 kcal

1_Den Knoblauch schälen und durch die
Presse drücken, die Zitrone auspressen.
Den Knoblauch und Zitronensaft mit Thymian, Paprika, Senf, Sojasauce und dem
Bier verrühren. Die Nackensteaks darin
3 Stunden bei Raumtemperatur marinieren lassen, dabei ab und zu wenden.

2_Dann Steaks aus der Marinade nehmen
und mit Küchenpapier gut trocken tupfen.
Das Fleisch mit Salz und Pfeffer würzen.

3_Die Steaks auf den Rost legen und bei
mittlerer Hitze 1 Minute grillen, wenden
und 1 Minute grillen. Dann unter öfterem
Wenden zugedeckt (siehe auch TIPPs) in
6–8 Minuten fertig braten. Fertige Steaks
gleich essen oder noch 5 Minuten zugedeckt neben dem Grill ruhen lassen.

TIPPs

Bier mit in die Marinade zu geben, ist ein-
deutig besser, als es über den Rost zu
spritzen, was die Flammen lodern und das
Fleisch verbrennen lässt. So gleichmäßig
am Steak verteilt, wie es eigentlich nur
mit einer Marinade möglich ist, macht es
das Fleisch zart und lässt seine Kruste
schön bräunen.
Wenn Ihr Grill keinen Deckel hat, Verwenden Sie zum Abdecken am besten eine
passend große Metallschüssel.

Mariniertes Schweinefilet

„Schmeckt" nach Griechenland-
Urlaub

Zutaten für 4 Personen:
700 g Schweinefilet (am Stück)
1/2 Bund Oregano
1/4 Bund glatte Petersilie
2 Stängel Bohnenkraut (wer mag)
2 Knoblauchzehen | 1 Bio-Zitrone
50 ml Anisschnaps (z. B. Ouzo)
1/8 l trockener Weißwein
2 EL Olivenöl (+ Öl für den Rost)
1 TL Anis- oder Fenchelsamen
Pfeffer | Salz

Zubereitungszeit: 25 Minuten
+ 4 Stunden Marinieren
Kalorien pro Portion: 215 kcal

1_Vom Schweinefilet Häute und Sehnen
abtrennen. Filet quer zu den Fleischfasern
in gut 2 cm dicke Scheiben schneiden und
nebeneinander in eine flache Form legen.

2_Die Kräuter abbrausen und trocken
schütteln, die Blättchen abzupfen und
nicht zu fein hacken. Knoblauch schälen
und in dünne Scheiben schneiden. Die

Zitrone heiß waschen, abtrocknen und ebenfalls in dünne Scheiben schneiden.

3_Anisschnaps mit Wein und Öl verrühren. Kräuter, Knoblauch und Zitronenscheiben mit Anis- oder Fenchelsamen untermischen, pfeffern und auf den Schweinefiletscheiben verteilen. Mindestens 4 Stunden (oder auch über Nacht) marinieren lassen.

4_Den Rost einölen. Die Marinade – vor allem den Knoblauch – von den Fleischscheiben abstreifen. Schweinefilet salzen, auf den Rost legen und bei mittlerer Hitze 5–6 Minuten grillen, umdrehen und noch mal so lang grillen. Dazu schmecken ein Fladenbrot und ein Salat (sehr gut passt der Gemüsesalat mit Feta von Seite 136). Außerdem natürlich Tsatsiki (Seite 120).

VARIANTE: Schweinefilet „Italia"

2 Zweige Rosmarin, 1/4 Bund Thymian und 6 Salbeiblätter abbrausen, trocken schütteln und die Blättchen mit 1 roten Chilischote hacken. Mit 2 EL frisch gepresstem Zitronensaft, 1 TL Fenchelsamen und 4 EL Öl mischen. Anstatt der Anismarinade überm Fleisch verteilen und ziehen lassen. Grillen wie oben beschrieben.

Gegrillter Leberkäse

Blitzküche vom Grillmeister

Zutaten für 4 Personen:
je 1 EL süßer und scharfer Senf
2 TL gelbes Senfpulver
2 EL Ketchup
1 EL Zuckerrübensirup oder Ahornsirup
2 TL Apfelessig
4 Scheiben Leberkäse (je gut 1 cm dick)
Öl für den Rost

Zubereitungszeit: 15 Minuten
Kalorien pro Portion: 415 kcal

1_Die beiden Senfsorten mit dem Senfpulver, dem Ketchup und dem Sirup verrühren und mit Essig würzen. Die Leberkäsescheiben auf beiden Seiten damit einstreichen.

2_Den Rost einölen. Leberkäsescheiben auf den Rost legen und bei starker Hitze pro Seite 3–4 Minuten grillen. Gleich heiß servieren. Dazu schmeckt Kartoffelsalat mit Senf (Seite 130) oder ein Gurkensalat mit Dill und Sahnedressing.

VARIANTE: Currywurst

1 Zwiebel und 1 Knoblauchzehe schälen, fein würfeln und in 1 EL Öl unter Rühren 2–3 Minuten dünsten. 1 TL Tomatenmark und 2 EL Currypulver gut untermischen und kurz erhitzen. 300 g stückige Tomaten (aus Tetrapack oder Dose) dazugeben und alles bei mittlerer Hitze in 10–15 Minuten offen dickflüssig einkochen lassen. 8 gebrühte Bratwürste auf dem Grill bei mittlerer Hitze rundherum braun braten. In 2–3 cm breite Stücke schneiden, mit der Tomatensauce bedecken und mit Currypulver nach Geschmack bestäuben. Dazu passen Folienkartoffeln (siehe Seite 109, allerdings im Ganzen und ohne Füllung) und der Paprikajoghurt von Seite 120.

Saltimbocca-Spieße

Mal mit Schweinefleisch

Zutaten für 4 Personen:
600 g Schweinelende oder -filet
100 g roh geräucherter Schinken
etwa 25 Salbeiblättchen
Salz │ Pfeffer
16 Kirschtomaten
2 EL Olivenöl (+ Öl für den Rost)
8 lange Holz- oder Metallspieße

Zubereitungszeit: 40 Minuten
Kalorien pro Portion: 245 kcal

1_Vom Schweinefleisch die Häute und Sehnen abtrennen. Lende oder Filet quer zu den Fleischfasern in etwa 1/2 cm dicke Scheiben schneiden und mit dem Handballen flacher drücken. Schinkenscheiben in Größe der Fleischstücke zuschneiden und jeweils 1 Scheibe auf 1 Fleischstück legen. Die Salbeiblättchen abbrausen, trocken tupfen und darauf verteilen.

2_Die belegten Fleischscheiben zu Röllchen aufwickeln und außen mit Salz und Pfeffer würzen. Die Tomaten waschen und abwechselnd mit den Fleischröllchen auf die Spieße stecken. Die Röllchen und die Tomaten mit Öl einpinseln.

3_Den Rost einölen. Die Spieße auf den Rost legen und bei mittlerer Hitze etwa 15 Minuten grillen, dabei ab und zu umdrehen. Dazu schmeckt der Blattsalat mit Pfirsich (Seite 132) oder der Kichererbsensalat (Seite 137).

TIPPs

Auch fein: Die Spieße mit Puten- oder Hähnchenfleisch zubereiten, ebenfalls in dünne Scheiben geschnitten. Und statt der Tomaten können auch mal Pilze oder Zucchiniwürfel mit auf die Spieße. Kalbfleisch wie im Saltimbocca-Original wird beim Grillen leicht zu trocken.

Bratwurst-spieße mit Pflaumen

Deftig-fruchtig

Zutaten für 4 Personen:
1/8 l roter Portwein, Rotwein oder ungesüßter roter Traubensaft
1 EL Zucker
Salz │ Pfeffer
ein paar Spritzer Tabasco (wer mag)
200 g getrocknete Pflaumen
(ohne Stein)
600 g dicke rohe Bratwürste
2 rote Zwiebeln
8 lange Holz- oder Metallspieße
Öl für den Rost

Zubereitungszeit: 40 Minuten
+ 1 Stunde Marinieren
Kalorien pro Portion: 575 kcal

1_Den Portwein, Rotwein oder Saft mit dem Zucker, Salz und Pfeffer kräftig aufkochen lassen. Wer gerne scharf isst, würzt mit Tabasco nach Geschmack. Die Pflaumen in einer Schüssel mit der heißen Flüssigkeit begießen und ewa 1 Stunde lang Aroma annehmen lassen.

2_Dann die Würste in etwa 3 cm lange Stücke schneiden. Die Zwiebeln schälen und achteln. Die Zwetschgen abtropfen lassen und abwechselnd mit der Wurst und den Zwiebeln auf die Spieße stecken.

3_Den Rost einölen. Die Spieße auf den Rost legen und bei mittlerer Hitze etwa 15 Minuten grillen, dabei immer wieder mal umdrehen.

VARIANTE: Kohlrabi-Wurst-Spieße

1 großen Kohlrabi schälen, in etwa 2 cm große Würfel schneiden und in Salzwasser etwa 5 Minuten vorgaren, abtropfen und abkühlen lassen. Die Kohlrabiwürfel jeweils in 1 kleines Stück durchwachsenen Räucherspeck (in dünnen Scheiben) hüllen und abwechselnd mit den Wurststücken und den Tomaten auf die Spieße stecken. Wie beschrieben grillen.

Lammspieße mit Schafskäse

Sommer, Sonne ... genießen

Zutaten für 4 Personen:
8 Zweige Thymian
2 Zweige Rosmarin
1 1/2 Bio-Zitronen
2 Knoblauchzehen
1/2 EL flüssiger Honig
2 EL trockener Rotwein oder ungesüßter roter Traubensaft
2 EL Olivenöl (+ Öl für den Rost)
Pfeffer
500 g Lammfleisch (aus der Keule, ohne Knochen)
200 g Schafskäse (Feta)
etwa 16 Weinblätter (aus dem Glas)
Salz
8 lange Holz- oder Metallspieße

Zubereitungszeit: 40 Minuten
+ 1 Stunde Marinieren
Kalorien pro Portion: 425 kcal

1_Die Kräuter abbrausen und trocken schütteln, die Blättchen abzupfen und fein hacken. Zitronenhälfte heiß waschen und abtrocknen, die Schale fein abreiben,

1 EL Saft auspressen. Den Knoblauch schälen und durchpressen. Alles mit Honig, Rotwein oder Traubensaft und 1 EL Olivenöl vermischen, pfeffern.

2_Das Lammfleisch von größeren Fettstücken befreien und in gut 2 cm große Würfel schneiden. Die Würfel unter die Knoblauch-Kräuter-Mischung rühren und mindestens 1 Stunde marinieren lassen.

3_Dann den Schafskäse in ebenso große Würfel schneiden wie das Fleisch. Weinblätter abtropfen lassen und den Stiel herausschneiden. Jeweils 1 Fetastück in jedes Weinblatt einwickeln. Die Päckchen mit dem übrigen Öl einpinseln. Fleischwürfel salzen und abwechselnd mit den Käsepäckchen auf die Spieße stecken. Die übrige Zitrone in dicke Spalten schneiden.

4_Den Rost einölen. Die Spieße auf den Rost legen und bei mittlerer Hitze etwa 12 Minuten grillen, dabei ab und zu umdrehen. Mit den Zitronenspalten auf den Tisch stellen.

Spareribs

Mal schneller, mal langsamer

Zutaten für 4 Personen:
2 kg Spareribs (Schweinerippen,
am Stück beim Metzger vorbestellen)
1/2 TL Pfeffer
Salz
1 Knoblauchzehe
1 1/2 Zitronen
3 EL Öl
150 g Ketchup
2 EL Zuckerrübensirup oder
dickflüssiger Honig
1 TL Worcestersauce
1/2 TL Tabasco oder Cayennepfeffer
1 TL Currypulver

Zubereitungszeit: 1 Stunde
+ 2 1/2 Stunden Marinieren
Kalorien pro Portion: 635 kcal

1_Die Spareribs in Stücke (je 3–4 Rippen) teilen, dafür einfach das Fleisch zwischen den Rippen durchschneiden (kann auch der Metzger erledigen). Nun die Rippenstücke mit Pfeffer und 2 TL Salz einreiben und 30 Minuten bei Raumtemperatur in der Küche stehen lassen.

2_Den Knoblauch schälen, fein hacken, mit Salz bestreuen und mit der Messerklinge zur Paste zerdrücken. Den Saft von 1 Zitrone auspressen und mit dem Knoblauch und 2 EL Öl verrühren. Die Spareribs mit der Marinade einreiben und etwa 2 Stunden kühl stellen.

3_Nun die restliche Zitrone auspressen und den Saft samt übrigem Öl mit den restlichen Zutaten zur Glasur verrühren.

4_Die Spareribs 30 Minuten vor Grillbeginn aus dem Kühlschrank nehmen. Dann die Stücke mit Küchenpapier gut trocken tupfen, auf den Rost legen und bei geringer Hitze 20–25 Minuten angrillen, dabei ab und zu wenden.

5_Anschließend die Spareribs rundherum mit der Glasur einstreichen und weitere 15–20 Minuten bei mittlerer Hitze grillen. Sobald die Glasur trocken und dunkel wird, erneut bepinseln.

6_In den letzten Minuten die Spareribs ohne Bepinseln glänzend und knusprig zugleich grillen. Dann mit scharfen Steakmessern servieren (vorher nach Belieben noch 5 Minuten abgedeckt am Rand des Grills ein wenig ruhen lassen).

TIPP

Für echte US-Spareribs nach BBQ-Art werden die ganzen Rippenstränge bei indirekter Hitze (= abseits der Glut und unter einem Deckel, siehe Seite 20–21) für mehrere Stunden gegart. Dazu die Rippen (nicht geteilt!) wie beschrieben marinieren und dann bei mittlerer Hitze neben der Glut der Holzkohle oder der Steine im Gasgrill auf den Rost legen. Darüber den Deckel des Grills legen und die Spareribs 1 Stunde unter öfterem Wenden sanft grillen. Nun die Spareribs mit der Glasur bestreichen und 1 weitere Stunde garen, wobei eventuell Kohle nachgefüllt werden muss. Am Ende die Spareribs noch etwa 20 Minuten offen direkt über der Glut grillen, dabei immer wieder glasieren (wie links beschrieben).

Basic-TIPP

Eigentlich gilt ja, dass stets ohne Salz lange mariniert wird, weil dieses dabei Fleisch und Fisch Wasser entzieht und trocken macht. Bei den Spareribs machen wir eine Ausnahme. Zwar ist hier das mit dem Wasserziehen auch nicht anders, aber die von Haut, Knochen und reichlich Fett umgebenen Stücke bekommen nur durch frühes Salzen ausreichend Aroma. Zudem hilft Salz dabei, das Saftigkeit spendende Fett fester und knuspriger zu machen. Deswegen werden zum Beispiel auch Hähnchenflügel gerne rechtzeitig gesalzen.

Bratwürste mit Tomatentatar

Heißes mit Frischem kombiniert

Zutaten für 4 Personen:
600 g Tomaten
1 Bund Basilikum
1 Stängel Minze (wer mag)
2 Knoblauchzehen
1 TL frisch gepresster Zitronensaft
2 EL Olivenöl
Salz │ Pfeffer
8–12 rohe Bratwürste (je nach Größe
2–3 Stück pro Person, etwa 800 g)

Zubereitungszeit: 30 Minuten
Kalorien pro Portion: 675 kcal

1_Die Tomaten waschen und die Stielansätze wie einen Keil herausschneiden. Die
Tomaten erst grob schneiden, dann ganz
fein hacken.

2_Die Kräuter abbrausen und trocken
schütteln, die Blättchen abzupfen und
fein schneiden. Den Knoblauch schälen
und sehr fein hacken oder durch die
Presse drücken.

3_Die Tomaten mit den Kräutern, dem
Knoblauch, dem Zitronensaft und dem
Olivenöl verrühren. Das Tomatentatar
mit Salz und Pfeffer würzen.

4_Die Würste auf den Rost legen und
bei starker Hitze rundherum in etwa
8–10 Minuten schön braun grillen. Mit
dem Tomatentatar essen.

Mangold-
würstchen

Frisch gerollt

Zutaten für 4 Personen:
1/2 Bio-Zitrone
8 Zweige Thymian
2 Knoblauchzehen
je 1 TL Fenchelsamen und
schwarze Pfefferkörner
600 g frisches Schweinemett
5 EL trockener Weißwein (wer mag)
Salz
12 mittelgroße Mangoldblätter
Zahnstocher (bei Bedarf)
Öl für den Rost

Zubereitungszeit: 45 Minuten
Kalorien pro Portion: 380 kcal

1_Zitrone heiß waschen und abtrocknen,
die Schale fein abreiben. Den Thymian abbrausen und trocken schütteln, die Blättchen abstreifen. Den Knoblauch schälen
und durch die Presse drücken. Fenchelsamen und Pfefferkörner in einem Mörser
mittelgrob zerdrücken.

2_Die Zitronenschale und den Thymian,
den Knoblauch und die Gewürze mit dem
Mett und eventuell dem Wein gründlich
mischen. Mit Salz würzen.

3_Die Mangoldblätter waschen. Falls die
Mittelrippe der Blätter dick und fleischig
ist, mit einem Messer flach schneiden.
Wasser mit Salz zum Kochen bringen und
die Mangoldblätter darin etwa 1 Minute
sprudelnd kochen lassen. Ins Sieb abgießen und kaltes Wasser darüberlaufen
lassen. Abtropfen lassen und die Blätter
auf der Arbeitsfläche ausbreiten.

4_Die Mettmasse in 12 Portionen teilen,
zu länglichen Würstchen formen und jeweils auf ein schmales Ende eines Man-
goldblatts legen. Die beiden Blattränder
der Längsseiten nach innen schlagen,
dann die Mangoldblätter von der Schmalseite her zu Würstchen aufrollen und die
Wurstmasse so in die Blätter einhüllen.
Falls die Blattenden nicht von selbst gut
aneinanderhaften, am besten mit Zahnstochern feststecken.

5_Den Rost einölen. Die Mangoldwürstchen auf den Rost legen und bei mittlerer
Hitze etwa 15 Minuten grillen. Zwischendurch wenden und möglichst auf allen
vier Seiten bräunen.

TIPPs
Wer das Fleisch für die Wurstfülle lieber
selber zerkleinern will, kauft nicht zu fette
Schweineschulter, schneidet sie in Würfel
und hackt diese dann mit einem großen
Messer ganz fein.
Und: Die Mangoldstiele müssen Sie nicht
wegwerfen, sie schmecken gegrillt sehr
gut zu den Würstchen: mit etwas Zitronensaft und Olivenöl mischen, salzen, pfeffern
und in einer Alugrillschale bei mittlerer
Hitze etwa 15 Minuten grillen. Zwischendurch immer mal wieder umdrehen.

Cevapcici

Einfach die Hackwürstchen, raffiniert die Gemüsepaste

Zutaten für 4 Personen:
Für die Cevapcici:
1 Zwiebel │ 2 Knoblauchzehen
2 EL Olivenöl (+ Öl für den Rost)
700 g Rinderhackfleisch
Salz │ Pfeffer
je 1 TL rosenscharfes und edelsüßes
Paprikapulver
12 lange Holz- oder Metallspieße
Für die Paste:
1 kleine Aubergine (etwa 280 g)
1 rote Paprikaschote
2 grüne Chilischoten
1 EL frisch gepresster Zitronensaft
4 EL Olivenöl │ 2 Knoblauchzehen
Salz │ 1 Prise Zucker

Zubereitungszeit: 55 Minuten
+ 1 Stunde Kühlen
Kalorien pro Portion: 550 kcal

1_Für die Cevapcici Zwiebel und Knoblauch schälen, fein würfeln. 2 TL Öl in einer kleinen Pfanne erhitzen, Knoblauch und Zwiebel darin bei mittlerer Hitze in etwa 5 Minuten fast weich dünsten. In einer Schüssel mit Hackfleisch, Salz, Pfeffer und Paprikapulver gut verkneten. Zu etwa 5 cm langen und gut 2 cm dicken Würstchen formen, etwa 1 Stunde kühl stellen.

2_Für die Paste Aubergine, Paprikaschote und Chilischoten waschen, die Schale der Aubergine öfters einstechen. Den Rost einölen. Aubergine darauflegen und bei mittlerer Hitze etwa 10 Minuten grillen, ab und zu wenden. Paprika dazulegen, weitere 10 Minuten grillen, immer wieder wenden. Chilischoten dazulegen und alles erneut 5 Minuten grillen. Gemüse vom Rost nehmen, lauwarm abkühlen lassen.

3_Aubergine aufschneiden, das Fruchtfleisch mit einem Löffel aus den Schalen kratzen. Paprikaschote putzen, Haut, die sich lösen lässt, abziehen. Chilischoten vom Stiel befreien. Gemüse mit Zitronensaft und Öl pürieren. Knoblauch schälen, dazupressen. Mit Salz und Zucker würzen.

4_Die Hackwürstchen der Länge nach auf Spieße stecken und mit übrigem Öl einpinseln. Auf dem Rost bei mittlerer Hitze etwa 15 Minuten grillen, häufig wenden. Die Cevapcici mit der Gemüsepaste servieren. Dazu passen außerdem milde rote oder weiße Zwiebelringe und Fladenbrot.

VARIANTE: Hamburger

Das Hack wie beschrieben mit Zwiebel und Knoblauch mischen. Mit 1 TL Senf, Salz und Pfeffer würzen. Zu 2 cm dicken Fleischküchlein formen und pro Seite auf dem geölten Rost etwa 7 Minuten bei mittlerer Hitze grillen. Mit Salatblättern, Tomatenscheiben und Zwiebelringen zwischen Hamburgerbrötchen packen.

Hacksteaks mit Schafskäse

Stets für eine Überraschung gut

Zutaten für 4 Personen:
1 Bio-Zitrone │ 4 Knoblauchzehen
12 Zweige Thymian
500 g gemischtes Hackfleisch
1 Ei (M) │ 2 EL Semmelbrösel
Salz │ Pfeffer
1 TL edelsüßes Paprikapulver
150 g Schafskäse (Feta)
Öl für den Rost

Zubereitungszeit: 45 Minuten
Kalorien pro Portion: 455 kcal

1_Zitrone heiß waschen und abtrocknen, die Schale fein abreiben. Den Knoblauch schälen und ganz fein würfeln. Den Thymian abbrausen und trocken schütteln, die Blättchen abstreifen und grob hacken.

2_Das Hackfleisch mit Zitronenschale, Knoblauch, Thymian, Ei und den Semmelbröseln in eine Schüssel geben. Mit Salz, Pfeffer und Paprika würzen und mit den Händen kräftig so lange durchkneten, bis der Fleischteig gut zusammenhält. Den Teig in acht Portionen teilen. Den Feta vierteln und jedes Viertel noch mal horizontal halbieren.

3_Jeweils eine Fleischteigportion in die Handfläche legen und ein wenig flacher drücken. 1 Käsestück darauflegen, den Fleischteig darüberklappen und gut zusammendrücken, sodass das Fetastück komplett verhüllt ist.

4_Den Rost einölen. Die Hacksteaks auf den Rost legen und bei mittlerer Htze um die 20 Minuten grillen, dabei mehrmals umdrehen. Man sieht, dass die gefüllten Steaks fertig sind, wenn an einigen Stellen ein bisschen geschmolzener Käse austritt.

Ingwer-Zitrus-Pflänzchen

Die Asia-Variante

Zutaten für 4 Personen:
1 Scheibe Toastbrot
2 Bio-Limetten
1 Stück Ingwer (etwa 4 cm)
1 rote Chilischote
4 Frühlingszwiebeln
4 Stängel Koriandergrün
600 g gemischtes Hackfleisch
1 Ei (M)
Salz | Pfeffer
1 TL gemahlener Koriander
Öl für den Rost

Zubereitungszeit: 45 Minuten
Kalorien pro Portion: 435 kcal

1_Das Toastbrot in einer Schüssel knapp mit lauwarmem Wasser begießen und in etwa 10 Minuten weich werden lassen.

2_Inzwischen die Limetten heiß waschen und abtrocknen, die Schale fein abreiben. Den Ingwer schälen und sehr fein hacken. Die Chilischote waschen und den Stiel abschneiden, Schote mit der Kernen sehr fein hacken. Von den Frühlingszwiebeln

die Wurzelbüschel und die welken grünen Teile abschneiden. Die Zwiebeln waschen und in feine Ringe schneiden. Koriandergrün abbrausen und trocken schütteln, Blättchen abzupfen und fein hacken.

3_Das Brot ausdrücken und zerkrümeln. Mit allen zerkleinerten Zutaten, dem Hackfleisch und dem Ei gründlich verkneten, mit Salz, Pfeffer und dem gemahlenen Koriander würzen. Aus dem Fleischteig zwölf knapp 2 cm dicke Küchlein formen.

4_Den Rost einölen. Die Ingwer-Zitrus-Pflänzchen darauflegen und bei mittlerer Hitze etwa 15 Minuten grillen, dabei ab und zu umdrehen. Dazu schmeckt die Tex-Mex-Mayo von Seite 124 oder der Nudelsalat mit Koriander von Seite 130.

Geflügel

Grillen + Hähnchen = Grillhähnchen? Aber, aber, wer wird denn die Rechnung ohne die Wings machen – Chicken Wings mit vollem Namen. Und bitte nicht die Hähnchenschenkel vergessen, die durch ihre Orangenglasur etwas ganz Besonderes werden, ebenso wie die Hähnchenteile in Tandoori-Marinade. Oder gleich ein anderes Geflügel nehmen, Pute etwa, mit Äpfeln gegrillt, oder Ente mit Ananas am Spieß. Und obendrein gibt es noch jede Menge Glasuren hier im Kapitel, mit denen sich auch prima ein Grillhähnchen veredeln lässt.

Geflügel

Unser liebstes Aroma:
Der Honig

Süße(s) gehört zum Grillen dazu, ganz besonders beim US-BBQ. Und wir sprechen hier nicht von Marshmallows, sondern von braunem Zucker im „Spice Rub" (eine Würzmischung, mit der Grillgut gerne eingerieben wird) oder Melasse in der originalen Barbecue-Sauce. Honig wird vor allem bei Grillgeflügel verwendet – als Zutat in einer Glasur für knusprige Geflügelteile oder auch zusammen mit Sojasauce in einer Marinade, die Hähnchenschenkeln und -flügeln ein süß-salziges Aroma verleiht. Aber Vorsicht: Honig lässt Grillstücke schnell dunkel werden, darum höchstens mittlerer oder noch besser indirekter Hitze aussetzen. Oder gleich in einen Dip rühren. In allen Fällen gilt – im Zweifel eher neutrale statt intensive Honigsorten wählen.

Wie wär's mal mit ...
... *Wettgrillen?*

Was in den USA eine große Sache ist, könnte man ja mal in Klein im Freundeskreis nachspielen. Als Disziplinen wären zum Beispiel möglich: „Wer grillt die zartesten Steaks?" oder „Wer macht die beste Barbecue-Sauce?" oder „Wer erfindet das originellste Dessert vom Grill?" Oder man lässt es richtig knistern und geht der stets aktuellen Frage nach, welcher Grill nun der beste ist? Dazu bringt jeder seinen Liebling mit (derjenige mit dem unbeweglichsten Gerät ist automatisch der Gastgeber) und dann gibt's Hähnchenschenkel vom Kohle-, Gas- oder Elektrogrill, direkt oder indirekt gebrutzelt, mit Deckel oder ohne und was sonst noch so möglich ist. Natürlich trägt dabei jeder eine geschmackvolle Schürze mit Nummer, und am Ende gibt es einen kleinen Pokal oder eine goldene Grillzange für den Sieger – womit inzwischen klar sein sollte, dass Wettgrillen eher etwas Männliches ist. Die wahren Kerle aber laden die Frauen freudig dazu ein, die Jury zu sein. Viel Spaß!

Grill & Drink
Schnelle Kalte Ente

Man kann sie „Bowle für Einsteiger" oder „Limonade für Fortgeschrittene" nennen, auf jeden Fall ist dieser Mix ein echter Klassiker für den Sommerabend am Grill. Hier die schnelle Version:

Für 12 Leute die abgeriebene Schale von 1 Bio-Zitrone mit 1 EL Zucker und 4 EL Wasser aufkochen, bis der Zucker gelöst ist. Mit dem Saft von 1/2 Zitrone in ein Bowlengefäß füllen, mit je 1 Flasche kaltem trockenen Weißwein und Sekt (je 700 ml) auffüllen. (Für die klassische Version von 2 Bio-Zitronen die Schale dünn abschälen und 30 Minuten in den Wein legen, rausnehmen. Saft von 1/2 Zitrone mit 1 EL Zucker verrühren und mit dem Sekt zum Wein geben.)

BBQ Worldwide

Mittelmeer

So wie in den Küchen der mediterranen Länder geht es ebenfalls an den Grills von Griechenland bis Spanien zu: pur und unverfälscht. Da wird Kohle oder Treibholz am Strand oder auf dem Marktplatz zum Glühen gebracht, und es kommen ganze Fische oder Ferkel auf Spieße. Und auch sonst sind es eher große Stücke als kleine Steaks, die im Freien gegart werden – damit sich der Aufwand lohnt und viele etwas davon haben. Oft entstehen dann richtige Grillfeste daraus, bei denen ein voll besetztes Lokal oder auch schon mal das komplette Dorf mitfeiert und mitisst. Denn nur mit der Kleinfamilie um den Kleingrill hinten im Garten stehen, das findet man im Süden eher langweilig.

Und wenn wirklich mal der normale Haushaltsgrill ran muss, dann werden große Stücke dafür passend gemacht: Eine ausgelöste Lammkeule etwa wird wie ein Buch aufgeschnitten – mit jeweils einem waagrechten Schnitt in die beiden dicken Stellen rechts und links von der Knochenlücke, sodass das Fleischstück dann zu einem flachen Wälzer aufgeklappt und gegrillt werden kann. Und ein Hähnchen wird sogar flachgeklopft, damit es auf den Grill passt – was für ein Teufelswerk das wieder ist, steht auf Seite 74.

Glut-Menschen Lazy Sizzlers

„Grillen? Geil!" sagen sie und in ihren Augen spiegeln sich ... – nein, keine Flammen, denn die sehen sie nur von ganz weitem von der Bierbank oder vom Liegestuhl aus. Sie freuen sich einfach auf eine gute Zeit, in der man mal wieder mit den alten Kumpels zusammensitzen und die Vögel zwitschern hören kann. Ist das Bier kalt, ist fast schon alles gut. Und am Büfett raunt der Lazy Sizzler der Frau des Hauses zu: „Hey, der Kartoffelsalat da ist ja wirklich nicht schlecht. Gekauft? Gut gekauft, meine Liebe. Ich schau jetzt mal mit meinen eingelegten Chicken wings bei deinem Kerl am Grill vorbei, bevor hier Feierabend ist und ich selbst noch ran muss, hehehe. Was sagst du, Sohnemann, ob wir mal eine Runde Boccia spielen? Eine ruhige Kugel schieben geht immer. Nur wer brät dann meine Hähnchenflügel? Hey, Frau des Hauses, könntest du deinem Mann mal meine Wings bringen, Liebste?" Und dafür ist man dem Lazy Sizzler noch nicht mal böse, denn in seinen Augen spiegelt sich die pure Freude am Moment.

Tandoori-Hähnchen mit Joghurtsauce

Indisches vom Grill

Zutaten für 3–4 Personen:
1 großes Hähnchen (Poularde,
etwa 1,4 kg)
75 ml frisch gepresster Zitronensaft
1 Döschen Safranfäden (0,1 g)
1 Stück Ingwer (etwa 5 cm)
je 2 TL gemahlener Kreuzkümmel
und Koriander
je 1 TL Chilipulver (ersatzweise
rosenscharfes Paprikapulver) und
frisch geriebene Muskatnuss
1 EL edelsüßes Paprikapulver
100 g Naturjoghurt
Salz
eventuell ein paar Tropfen rote
Lebensmittelfarbe
Zahnstocher
Öl für den Rost

Zubereitungszeit: 50 Minuten
+ 4 Stunden Marinieren
Kalorien pro Portion (bei 4 Personen):
435 kcal

1_Das Hähnchen waschen und trocken
tupfen, mit einer Geflügelschere und dem
Messer in 8–10 Stücke teilen. Die Haut
mit dem Zahnstocher rundum einstechen.

2_Die Hähnchenteile in eine Schüssel
legen und mit dem Zitronensaft begießen.
Den Safran zerreiben und mit 4 EL Wasser
verrühren. Den Ingwer schälen und sehr
fein hacken.

Sherry-Hähnchen

Spanisch-orientalisch gewürzt

Zutaten für 3–4 Personen:
1 großes Hähnchen (Poularde,
etwa 1,4 kg)
4 Knoblauchzehen
2 Schalotten
1/4 l Sherry
2 EL frisch gepresster Zitronensaft
3 TL Ras-el-hanout (marokkanische
Gewürzmischung)
1 Prise Zimtpulver
je 1 TL gemahlener Koriander, rosenscharfes und edelsüßes Paprikapulver
Salz
Öl für den Rost

Zubereitungszeit: 50 Minuten
+ 4 Stunden Marinieren
Kalorien pro Portion (bei 4 Personen):
435 kcal

1_Das Hähnchen waschen und trocken
tupfen, mit einer Geflügelschere und dem
Messer in 8–10 Stücke teilen. Die Hähnchenteile in eine Schüssel legen.

2_Den Knoblauch und die Schalotten
schälen und grob würfeln. Mit Sherry,
Zitronensaft und allen Gewürzen gründlich mischen und salzen. Die Mischung
über den Hähnchenstücken verteilen.
Die Schüssel für mindestens 4 Stunden
(oder über Nacht) in den Kühlschrank
stellen. Währenddessen die Hähnchenteile am besten ab und zu umdrehen.

3_Dann die Hähnchenstücke aus der
Marinade nehmen. Den Knoblauch und
die Schalotten gründlich abstreifen, da
beides sonst auf dem Grill verbrennt
und das Fleisch bitter macht.

4_Den Rost einölen. Die Hähnchenstücke
auf den Rost legen und bei mittlerer Hitze
20–30 Minuten grillen, dabei etwa alle
5 Minuten wenden. Die Bruststücke und
der Rücken brauchen etwa 20 Minuten,
die fleischigen Schenkel etwa 30 Minuten.

Basic-TIPP

Wer sich das Zerlegen von
einem ganzen Hähnchen
nicht zutraut, wählt ein-
fach Einzelstücke: Brust-
filets und Schenkel. Die
Brustfilets aber auf jeden
Fall mit der Haut, besser
noch am Knochen kaufen.
Beides bekommt man
beim Metzger oder beim
Geflügelhändler.

3_Den Ingwer und alle Gewürze mit dem
Safranwasser und dem Joghurt verrühren
und mit Salz würzen. Wer mag, rührt noch
ein paar Tropfen Lebensmittelfarbe unter.

4_Die Joghurtmischung über den Hähnchenstücken verteilen. Die Schüssel für
mindestens 4 Stunden (über Nacht geht
auch) in den Kühlschrank stellen und die
Hähnchenteile Aroma tanken lassen. Gut
wäre es, wenn man die Stücke während
des Marinierens ab und zu mal umdreht,
damit das Aroma an alle Seiten kommt.

5_Den Rost einölen. Die Hähnchenstücke
aus der Marinade nehmen, ein wenig abtropfen lassen und auf den Rost legen.
Bei mittlerer Hitze 20–30 Minuten grillen,
dabei etwa alle 5 Minuten wenden. Die
zarten Bruststücke sowie der Rücken
brauchen etwa 20 Minuten, die fleischigen
Schenkel etwa 30 Minuten. Dazu passen
Blumenkohlsalat (Seite 134) und Paprikajoghurt (Seite 120).

Hähnchen-schenkel mit Orange

Mit reichlich Aroma und leichter Schärfe

Zutaten für 4 Personen:
1 Bio-Orange
1/2 Bio-Zitrone
4 Zweige Rosmarin
1 getrocknete Chilischote
2 EL Sherry
2 EL Orangenmarmelade
Salz
4 große Hähnchenschenkel (mit Schulterteil, je etwa 300 g)
Öl für den Rost

Zubereitungszeit: 45 Minuten
Kalorien pro Portion: 375 kcal

1_Die Orange und Zitrone heiß waschen und abtrocknen, Schalen fein abreiben. Von beiden Zitrusfrüchten jeweils 1 EL Saft auspressen.

2_Den Rosmarin abbrausen und trocken schütteln, die Blättchen abzupfen und mit der Chilischote fein hacken. Beides mit dem Sherry, der Orangenmarmelade und Zitrussaft und -schale gut verrühren. Die Marinade mit Salz abschmecken.

3_Die Hähnchenschenkel waschen und trocken tupfen, gut mit der Marinade einpinseln. (Wer mag, lässt sie jetzt noch ein paar Stunden im Kühlschrank ziehen, bevor sie auf den Grill kommen.)

4_Den Rost einölen. Hähnchenschenkel auf den Rost legen und bei mittlerer Hitze etwa 30 Minuten grillen, bis sie schön gebräunt und ganz durchgegart sind, dabei zwischendurch immer wieder umdrehen. Garprobe machen (siehe TIPP, Seite 74).

Chicken wings

Knabberspaß für alle

Zutaten für 4 Personen:
2 EL flüssiger Honig
3 EL frisch gepresster Limetten- oder Zitronensaft
4 EL Ketchup oder Tomatenpüree (aus dem Tetrapack)
5 EL Sojasauce
einige Spritzer Tabasco
16 Hähnchenflügel
Öl für den Rost

Zubereitungszeit: 40 Minuten
+ Marinieren über Nacht
Kalorien pro Portion: 135 kcal

1_Den Honig mit Limetten- oder Zitronensaft, Ketchup oder Tomatenpüree und der Sojasauce gründlich verrühren. Mit dem Tabasco nach Geschmack abschmecken. Die Marinade kann ruhig gut scharf sein, das Fleisch nimmt ja nicht alles davon auf.

2_Hähnchenflügel waschen und trocken tupfen. In einer Schüssel gründlich mit der Marinade mischen und über Nacht in den Kühlschrank stellen.

3_Am nächsten Tag den Rost einölen. Die Hähnchenflügel auf den Rost legen und bei mittlerer Hitze unter Wenden etwa 30 Minuten grillen, bis sie rundherum knusprig und gut gebräunt sind. Aber aufpassen, dass sie durch den Honig in der Marinade nicht verbrennen. Die Hitze also eventuell anpassen. Während des Grillens die Chicken wings ab und zu mit etwas von der restlichen Marinade aus der Schüssel gleichmäßig einpinseln.

VARIANTE: Chicken wings mit Ingwer

1 Stück Ingwer (etwa 4 cm) schälen und ganz fein hacken oder durch die Knoblauchpresse drücken. 2 Knoblauchzehen schälen und durch die Presse drücken. 1 Stange Zitronengras waschen, putzen und fein hacken. 1/2 Bund Koriandergrün abbrausen und trocken schütteln, die Blättchen abzupfen und fein hacken. Alles mit 1 EL Reisessig, 2 EL Fischsauce und 2 EL süßer Sojasauce (Ketcap manis) verrühren und mit Sambal oelek leicht schärfen. Diese Mischung mit den Chicken wings verrühren, wie beschrieben marinieren lassen, dann grillen.

Glasierte Entenkeulen

Glänzend dank Konfitüre

Zutaten für 4 Personen:
4 Entenkeulen (je etwa 350 g)
1 TL Steakpfeffer
1 EL edelsüßes Paprikapulver
1 TL gemahlener Kreuzkümmel (ersatzweise 1/2 TL gemahlener Kümmel)
2 TL Kräuter der Provence
1/2 TL Zimtpulver
1/4 TL Cayennepfeffer
2 EL Mangochutney
1 EL scharfer Senf
1 EL Aprikosenkonfitüre
Salz

Zubereitungszeit: 1 Stunde
+ 30 Minuten Marinieren
Kalorien pro Portion: 450 kcal

1_Die Entenkeulen im Gelenk halbieren, dafür die Keulen bewegen, bis man das Gelenk spürt, und dort mit einem großen Messer durchschneiden. Die Stücke gut waschen und trocken tupfen. Das Fleisch samt Haut etwas einschneiden.

2_Alle Gewürze vermischen, die Ententeile damit kräftig einreiben. 30 Minuten bei Raumtemperatur ziehen lassen.

3_Chutney, Senf und die Konfitüre miteinander verrühren. Die Ententeile salzen und nebeneinander in die Mitte des Rosts legen, bei mittlerer Hitze rundum in etwa 5 Minuten knusprig anbraten. Dann die Ententeile an den Rand des Rosts legen und zugedeckt 20–25 Minuten weitergaren, dabei die Teile öfters wenden.

4_Dann die Ententeile gleichmäßig mit der Mango-Senf-Glasur bestreichen und offen in etwa 5 Minuten glasieren, dabei immer wieder wenden. Die Keulenstücke sollten glänzen und eine goldbraune Farbe haben, also leicht karamellisiert sein. Zum Schluss noch 5 Minuten ruhen lassen.

TIPP

Die Entenkeulen brauchen etwas länger auf dem Grill als Entenbrüste oder auch Hähnchenschenkel. Damit sie gleichmäßig garen und dabei nicht verbrennen, wird der Grill abgedeckt. Wenn Ihr Grill keinen Deckel hat, können Sie auch einfach eine Metallschüssel nehmen (die Sie ab dann am besten fürs Grillen reservieren).

Mit diesen Glasuren sind Sie zum Grillen perfekt gerüstet: Nicht nur zartes Hähnchen- oder Putenfleisch kann damit ganz schnell ganz viel Aroma tanken, sondern auch Fisch und Garnelen, Tempeh und Tofu. Vor dem Grillen einfach aufpinseln oder sogar das Grillgut darin einige Zeit marinieren lassen.

Senfglasur

Bayrisch inspiriert

Zutaten für 4 Personen:
1 EL Meerrettich (frisch gerieben oder aus dem Glas)
1 EL süßer Senf │ 5 EL dunkles Bier
1/2 EL Zucker │ Salz │ Pfeffer
1/2 TL gemahlener Kümmel

Zubereitungszeit: 5 Minuten
Kalorien pro Portion: 20 kcal

1_Den Meerrettich mit Senf und Bier verrühren und mit Zucker, Salz, Pfeffer und dem Kümmel abschmecken.

Passt zu: Putenschnitzeln, Schweinefleisch und Leberkäse.

Scharfe Limettenglasur

Fruchtig-süß

Zutaten für 4 Personen:
1 Bio-Limette
80 ml Sojasauce
1 EL flüssiger Honig
1–2 TL Sambal oelek (ersatzweise eine andere Chilipaste)
1 EL Sesamöl

Zubereitungszeit: 5 Minuten
Kalorien pro Portion: 65 kcal

1_Die Limette heiß waschen, abtrocknen und die Schale fein abreiben, den Saft auspressen. Beides mit der Sojasauce, dem Honig, dem Sambal oelek und dem Sesamöl gut verrühren.

Passt zu: Chicken wings, Entenbrust und dünnen Schnitzeln, Tempeh und Tofu.

Wichtig: Nicht zu heiß grillen, sonst verbrennt die Glasur!

Rote Paprika-Joghurt-Glasur

In „mild" oder „scharf" zu haben

Zutaten für 4 Personen:
4 Stängel glatte Petersilie oder Dill
100 g geröstete rote Paprikaschoten (selbst gegrillt wie auf Seite 100 oder aus dem Glas)
100 g Naturjoghurt
2 TL Tomatenmark
1 TL Zucker │ Salz
1 EL Paprikapulver (edelsüß für die milde und rosenscharf für die feurige Version)

Zubereitungszeit: 10 Minuten
Kalorien pro Portion: 35 kcal

1_Petersilie oder Dill abbrausen, trocken schütteln, von den dicken Stielen befreien und grob hacken. Paprikaschoten würfeln und mit den Kräutern mit dem Pürierstab fein zerkleinern. Mit Joghurt und Tomatenmark verrühren und mit Zucker, Salz und Paprikapulver nach Wahl abschmecken.

Passt zu: Hähnchen- und Putenschnitzeln, aber auch zu Schweinefleisch und zu Garnelen und Lachssteaks.

Balsamico-glasur

Ziemlich italienisch

Zutaten für 4 Personen:
1 getrocknete Chilischote
je 1 Zweig Rosmarin, Thymian und
Oregano | 2 Knoblauchzehen
200 ml Aceto balsamico
2 TL Zucker oder flüssiger Honig
Salz

Zubereitungszeit: 15 Minuten
Kalorien pro Portion: 65 kcal

1_Chilischote im Mörser leicht andrücken.
Die Kräuter abbrausen, trocken schütteln
und mit der Küchenschere in grobe Stücke
schneiden. Knoblauch schälen, halbieren.

2_Balsamico mit Zucker oder Honig, Chili,
Kräutern und Knoblauch in einem kleinen
Topf zum Kochen bringen und offen bei
mittlerer Hitze in etwa 10 Minuten leicht
dicklich einkochen lassen. Kurz abkühlen
lassen, durch ein Sieb gießen und salzen.

Passt zu: Hähnchenschnitzeln und Pilzen,
aber auch zu Salsicce (italienische Bratwürste).

Ingwer-Kokos-Glasur

Asiatisch frisch

Zutaten für 4 Personen:
1 Stück Ingwer (etwa 6 cm)
2 Knoblauchzehen
100 ml Kokosmilch (am besten die dicke
oberste Schicht aus der Dose nehmen)
2 TL Palmzucker oder brauner Zucker
1 EL frisch gepresster Zitronen- oder
Limettensaft
Salz
Chilipulver (nach Geschmack)

Zubereitungszeit: 10 Minuten
Kalorien pro Portion: 60 kcal

1_Den Ingwer schälen und fein reiben.
Den Knoblauch schälen und dazupressen.
Die Kokosmilch mit dem Zucker erwärmen,
bis sich der Zucker gelöst hat.

2_Die Kokosmilch mit dem Zitrussaft, dem
Ingwer und dem Knoblauch verrühren und
mit Salz und Chili abschmecken.

Passt zu: dünnen Hähnchen- und Putenschnitzeln, aber auch zu Garnelen und
Fischfilets, Tempeh und Tofu.

Mango-Curry-Glasur

Ganz indisch

Zutaten für 4 Personen:
3 EL Mangochutney
3 EL Gemüsebrühe oder -fond
1 1/2 EL frisch gepresster Zitronen-
oder Limettensaft
1 1/2 EL Currypulver
1/2 TL Zimtpulver
Salz
Chilipulver (nach Geschmack)

Zubereitungszeit: 5 Minuten
Kalorien pro Portion: 25 kcal

1_Das Mangochnutney mit Gemüsebrühe
oder -fond und dem Zitrussaft verrühren.
Wenn das Chutney recht stückig ist, am
besten alles noch kurz mit dem Pürierstab
durchmixen. Mit Curry, Zimt, Salz und Chili
abschmecken.

Passt zu: Hähnchen und Pute, aber auch
zu Auberginen- und Zucchinischeiben,
Tempeh und Tofu.

Hähnchen-spieße „Yakitori"

Wunderbar würzig – einfach japanisch

Zutaten für 4 Personen:
200 ml Sojasauce
200 ml Reiswein (Mirin, ersatz-weise Gemüsebrühe und 1 TL frisch gepressten Zitronensaft mischen)
1 EL Zucker
1 TL Speisestärke
600 g Hähnchenbrustfilet
300 g Champignons oder Egerlinge
1 Stück Ingwer (etwa 4 cm)
2 Frühlingszwiebeln
8 lange Holz- oder Metallspieße
Öl für den Rost

Zubereitungszeit: 35 Minuten
Kalorien pro Portion: 180 kcal

1_Die Sojasauce mit Reiswein und Zucker in einen kleinen Topf geben, aufkochen und bei starker Hitze 1–2 Minuten unter Rühren kräftig sprudelnd kochen lassen.

2_Die Stärke mit 2 EL kaltem Wasser an-rühren, unter die Soja-Reiswein-Sauce mischen und alles noch mal aufschäumen lassen. Sauce lauwarm abkühlen lassen.

3_Das Hähnchenfleisch waschen, trocken tupfen und in dünne Scheiben schneiden. Mit der Sauce mischen. Pilze mit feuchtem Küchenpapier sauber abreiben, von den Stielenden befreien und halbieren.

4_Den Ingwer schälen. Von den Frühlings-zwiebeln Wurzelbüschel und welke obere Teile abschneiden. Die Zwiebeln waschen und mit dem Ingwer sehr fein hacken. In ein Schälchen füllen.

5_Das Hähnchenfleisch und die Pilze ab-wechselnd auf die Spieße stecken. Den Rost einölen. Die Spieße auf den Rost legen, bei starker Hitze etwa 5 Minuten grillen, dabei einmal wenden. Beim Essen mit der Ingwermischung nach Geschmack bestreuen.

Entenfleisch vom Spieß

Schön zart durch Ananassaft

Zutaten für 4 Personen:
2 große Entenbrustfilets (je etwa 300 g)
1 Stück Ingwer (etwa 2 cm)
1/2 Bio-Zitrone
200 ml Ananassaft (möglichst ungesüßt, man kann auch die Einlegflüssigkeit von Ananas aus der Dose nehmen)
Pfeffer
2 dünne Stangen Lauch
Salz
8 lange Holz- oder Metallspieße
Öl für den Rost

Zubereitungszeit: 50 Minuten
+ 4 Stunden Marinieren
Kalorien pro Portion: 260 kcal

1_Entenbrustfilets waschen und trocken tupfen. Die Fettschicht der Entenbrüste abschneiden. Das Fleisch quer zu den Fasern in dünne Scheiben schneiden. Den Ingwer schälen und sehr fein hacken. Die Zitrone heiß waschen und abtrocknen, die Schale fein abreiben, Saft auspressen.

2_Den Ananassaft mit Ingwer, Zitronen-schale und -saft verrühren, pfeffern. Das Entenfleisch gründlich unter die Marinade mischen, etwa 4 Stunden im Kühlschrank durchziehen lassen (länger schadet auch nicht – es geht also auch über Nacht).

3_Dann vom Lauch die Wurzelbüschel und die dunkelgrünen harten Teile weg-schneiden. Den Lauch gut waschen und in etwa 2 cm lange Stücke schneiden. Entenfleisch aus der Marinade nehmen, salzen und abwechselnd mit dem Lauch ziehharmonikaartig auf die Spieße stecken.

4_Den Rost einölen. Die Spieße auf den Rost legen und 18–20 Minuten bei mitt-lerer Hitze grillen, dabei immer wieder mal wenden und auch mit der übrigen Marinade einpinseln. Dazu schmecken Honigzwiebeln aus der Folie (Seite 108) und/oder grüne Bohnen mit Knoblauch und Ingwer (Seite 134).

TIPP
Entenfleisch ist im Sommer nicht immer leicht zu bekommen. Dann Hähnchen-oder Putenfleisch nehmen.

Putenspieße mit Äpfeln

Mild und saftig

Zutaten für 4 Personen:
600 g Putenbrust
2 TL Koriandersamen
1 Stück Zimtstange (5–6 cm)
4 EL Olivenöl (+ Öl für den Rost)
2 EL frisch gepresster Zitronensaft
2 EL Sherry oder Noilly Prat (wer mag)
Pfeffer
2 Äpfel
2 TL Apfeldicksaft oder Ahornsirup
Salz
8 lange Holz- oder Metallspieße

Zubereitungszeit: 40 Minuten
+ 1 Stunde Marinieren
Kalorien pro Portion: 225 kcal

1_Das Putenfleisch waschen, trocken tupfen und in etwa 2 cm große Würfel schneiden. In eine Schüssel geben.

2_Die Koriandersamen in einer kleinen Pfanne bei mittlerer Hitze unter Rühren kurz anrösten, dann mit der Zimtstange im Mörser leicht andrücken.

3_Olivenöl mit Zitronensaft und eventuell Sherry oder Noilly Prat, dem Koriander und dem Zimt verrühren, pfeffern. Mit den Putenwürfeln vermischen. Im Kühlschrank etwa 1 Stunde marinieren lassen (länger schadet auch nicht).

4_Dann die Äpfel vierteln, schälen und die Kerngehäuse herausschneiden. Die Äpfel in etwa gleich große Stücke schneiden wie das Putenfleisch. Die Apfelwürfel mit Salz, Pfeffer und Dicksaft oder Sirup ver-mischen. Fleisch salzen und mit den Äpfeln abwechselnd auf die Spieße stecken.

5_Den Rost einölen. Die Spieße auf den Rost legen und bei mittlerer Hitze etwa 14 Minuten grillen – auf allen vier Seiten, also alle 3 1/2 Minuten ein Stück weiter-drehen. Dazu schmecken ein gemischter Salat, der Rettichquark von Seite 126 oder die grünen Bohnen mit Knoblauch und Ingwer (Seite 134) besonders gut.

TIPP
Statt Äpfel unbedingt auch mal Pfirsich, Ananas oder Melone probieren.

Würzige Hähnchenhälften

Heißt in Italien „Teufelshähnchen" – wird dann aber auch mit mehr Chili gemacht

Zutaten für 2–3 Personen:
1 großes Hähnchen (Poularde, etwa 1,4 kg)
1/2 Bund gemischte Mittelmeerkräuter (z. B. Rosmarin, Thymian, Oregano und Salbei)
4 EL frisch gepresster Zitronensaft
5 EL Olivenöl (+ Öl für den Rost)
2 TL Chiliöl (wenn Kinder mitessen: nicht unter die Marinade mischen, sondern mit auf den Tisch stellen; wer mag, kann sich dann beim Essen etwas Chiliöl über das Hähnchen träufeln)
Salz

Zubereitungszeit: 50 Minuten
+ 2 Stunden Marinieren
Kalorien pro Portion (bei 3 Personen): 620 kcal

1_Das Hähnchen in der Mitte des Brustbeins und des Rückens mit einem Messer bis zum Knochen einschneiden, dann mit einer Geflügelschere teilen. Man erhält zwei Hälften mit jeweils einer Keule dran, diese waschen und trocken tupfen.

2_Damit die Hähnchenhälften schön gleichmäßig garen, müssen sie etwas platt geklopft werden. Dafür zwischen zwei Küchenbretter legen und mit dem Hammer mehrmals draufschlagen.

3_Die Kräuter abbrausen und trocken schütteln, Blättchen abzupfen und grob hacken. Mit dem Zitronensaft, Oliven- und eventuell Chiliöl verrühren. Die Mischung gut auf den Hähnchenhälften verstreichen. Etwa 2 Stunden (länger schadet aber auch nicht) im Kühlschrank durchziehen lassen.

4_Den Rost einölen. Die Hähnchenhälften mit Salz würzen, auf den Rost legen und bei mittlerer Hitze etwa 30 Minuten grillen. Zwischendurch zwei- bis dreimal wenden. Die Garprobe machen (siehe TIPP unten). Dazu schmeckt der Grillgemüse-Salat von Seite 100 (den kann man gut vor dem Hähnchen zubereiten, er schmeckt kalt mindestens genau so gut wie warm) oder der Kichererbsensalat von Seite 137 und knuspriges Weißbrot.

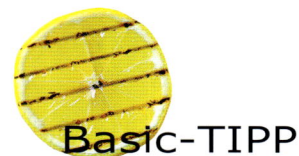

Basic-TIPP

Hähnchenfleisch muss immer gut durchgegart sein, gerade im Sommer besteht sonst die Gefahr, dass es Salmonellen enthält. Allerdings soll es auch nicht so lang auf dem Grill liegen, dass es trocken wird. Deshalb immer die Garprobe machen. Mit einem Zahnstocher oder einem Metallspieß in eine dicke Stelle, etwa in die Keule, stechen. Nach kurzer Zeit läuft Fleischsaft heraus: Ist der klar, ist das Hähnchen auch im Inneren durch, ist er blutig, muss noch etwas länger gegart und die Probe dann wiederholt werden. Läuft gar kein Saft mehr aus, ist es höchste Zeit, das Hähnchen vom Grill zu nehmen, es ist schon fast zu trocken.

Gefüllte Hähnchenbrust

Mit Quark und Toast

Zutaten für 4 Personen:
2 Scheiben Toastbrot
1 Bund Schnittlauch
2 EL Maiskörner (aus der Dose)
150 g Magerquark
2 Eigelb (M)
Salz | Cayennepfeffer
2 EL frisch geriebener Parmesan
4 Hähnchenbrustfilets (möglichst mit Haut, je etwa 150 g)
Zahnstocher
Öl für den Rost

Zubereitungszeit: 45 Minuten
Kalorien pro Portion: 350 kcal

1_Das Toastbrot entrinden und würfeln. Schnittlauch abbrausen, trocken schütteln und in Röllchen schneiden. Den Mais in einem Sieb abbrausen, abtropfen lassen.

2_Die Molke vom Quark abgießen und den Quark mit den Eigelben kräftig aufschlagen, bis er etwas luftiger ist. Mit Salz und Cayennepfeffer würzen. Toast, Schnittlauch, Mais und Parmesan unterrühren.

3_Hähnchenbrüste waschen und trocken tupfen. In die Brüste von der Längsseite her mit einem spitzen Messer jeweils eine möglichst große Tasche schneiden, ohne dabei die Brust durchzuschneiden. Die Füllung in den Taschen verteilen und fest hineindrücken. Die Taschenöffnungen mit Zahnstochern gut verschließen.

4_Hähnchenbrüste mit Salz und Cayennepfeffer würzen. Den Rost einölen und die Hähnchenbrüste mit der Hautseite nach unten darauflegen. Bei mittlerer Hitze 2–3 Minuten grillen, bis die Haut gebräunt ist. Wenden und bei geringer Hitze zugedeckt in etwa 15 Minuten fertig grillen. Kurz ruhen lassen und dann schräg in Scheiben schneiden und servieren. Dazu schmecken Blattsalate mit Pfirsich (Seite 132).

TIPP

Die Brüste vom Maishähnchen (wurde mit Mais gefüttert) eignen sich besonders gut für dieses Rezept, auch weil sie stets mit Haut angeboten werden.

Putenröllchen

Mit den besten Grüßen aus Ungarn

Zutaten für 4 Personen:
8 dünne Putenschnitzel (je etwa 80 g)
Salz | Pfeffer
1 rote Paprikaschote
1 weiße Zwiebel
1 hart gekochtes Ei (M)
1 Zitrone
100 g saure Sahne
50 g frisch geriebener Käse (z. B. Tilsiter oder mittelalter Gouda)
je 1 TL edelsüßes und rosenscharfes Paprikapulver
2 EL Öl (+ Öl für den Rost)
Zahnstocher

Zubereitungszeit: 45 Minuten
Kalorien pro Portion: 315 kcal

1_Die Schnitzel waschen, trocken tupfen und mit dem Handballen etwas flacher drücken. Mit Salz und Pfeffer würzen.

2_Die Paprikaschote halbieren, weiße Trennwände und Kerne entfernen, die Hälften waschen und sehr fein schneiden.

Die Zwiebel schälen und fein würfeln. Das Ei schälen, Eiweiß ablösen und hacken, das Eigelb mit einer Gabel zerdrücken. Die Zitrone in dicke Spalten schneiden.

3_Das Eigelb mit der sauren Sahne und dem Käse verrühren. Die Paprikaschote, die Zwiebel und das Eiweiß untermischen und die Füllung mit Salz, Pfeffer und dem Paprikapulver abschmecken.

4_Die Füllung auf den Putenschnitzeln verstreichen, dabei rundherum einen 1 cm breiten Rand frei lassen. Die Ränder leicht nach innen klappen und die Schnitzel von der Schmalseite her aufrollen. Die Enden mit Zahnstochern fixieren. Die Röllchen rundherum mit Öl einpinseln.

5_Den Rost einölen. Die Putenröllchen auf den Rost legen und bei mittlerer Hitze 12–14 Minuten grillen, dabei ab und zu umdrehen. Beim Servieren die Zitronenspalten dazulegen. Außerdem schmeckt dazu Kartoffelsalat mit Senf (Seite 130) oder Rettichquark mit Senf (Seite 126) und knuspriges Brot oder Laugenbrezen.

Hähnchen-schenkel im Speckmantel

Mit Füllung und Verpackung

Zutaten für 4 Personen:
4 große Hähnchenschenkel (mit Schulterteil, je etwa 300 g)
6 Zweige Rosmarin
4 große Knoblauchzehen
Pfeffer | Salz
8 dünne Scheiben durchwachsener Räucherspeck (ohne Schwarte, etwa 100 g)
Öl für den Rost
1 Zitrone

Zubereitungszeit: 1 Stunde
Kalorien pro Portion: 550 kcal

1_Die Hähnchenschenkel waschen und trocken tupfen. Mit dem Stiel eines kleinen Löffels zwischen Haut und Fleisch fahren und die Haut nach und nach vorsichtig vom Fleisch lösen, sie soll nicht einreißen oder ganz abgelöst werden.

2_Den Rosmarin abbrausen und trocken schütteln, die Zweige in ungefähr 4 cm lange Stücke schneiden. Den Knoblauch schälen und in gut 1/2 cm dicke Scheiben schneiden. Rosmarin und Knoblauch unter die Haut der Hähnchenschenkel schieben. Die Schenkel pfeffern und nur leicht salzen (der Speck ist auch salzig). Jeweils 2 Speckscheiben um die Keulen wickeln.

3_Den Rost einölen. Hähnchenschenkel auf den Rost legen und bei mittlerer Hitze etwa 35 Minuten grillen, dabei ab und zu umdrehen. Zwischendurch die Zitrone in dicke Spalten schneiden.

4_Hähnchenschenkel mit den Zitronenspalten servieren. Den Speck ablösen und nur mitessen, wenn er nicht zu dunkel geworden ist. Sonst lieber wegwerfen, das Hähnchenfleisch hat ohnehin Speckaroma getankt! Dazu passt der Grillgemüse-Salat von Seite 100 oder der Tomatensalat mit Knusperbrot von Seite 131.

Hähnchenbrust mit Pilzsalat

Wie amerikanisches
Fried chicken mariniert

Zutaten für 4 Personen:
Für die Hähnchenbrust:
2 Rispen grüner Pfeffer (gibt's im
Asienladen, schmeckt einfach viel
besser als der aus dem Glas, es
sollen 1–2 EL Pfefferkörner sein)
2 EL körniger Senf
1 EL Honigsenf (ersatzweise knapp
1 EL scharfer Senf und 1 TL Honig)
3 EL Weißweinessig
4 Hähnchenbrustfilets (je etwa 180 g)
Öl für den Rost
Salz
Für den Salat:
500 g Champignons oder Egerlinge
5 EL Olivenöl | Salz | Pfeffer
1/2 Bund glatte Petersilie
2 EL frisch gepresster Zitronensaft
Alugrillschale

Zubereitungszeit: 50 Minuten
+ 2 Stunden Marinieren
Kalorien pro Portion: 345 kcal

1_Grünen Pfeffer waschen und trocken
tupfen. Die Körner mit den Fingern von
den Rispen abstreifen. Die Körner mittelfein hacken und mit beiden Senfsorten
und dem Essig verrühren.

2_Die Hähnchenbrustfilets waschen und
trocken tupfen. Mit der Pfeffermischung
einreiben und etwa 2 Stunden im Kühlschrank marinieren lassen.

3_Dann die Pilze mit feuchtem Küchenpapier sauber abreiben, die Stielenden
abschneiden. Die Pilze je nach Größe halbieren oder vierteln und mit 2 1/2 EL Öl,
Salz und Pfeffer gründlich mischen.

4_Die Petersilie abbrausen und trocken
schütteln, die Blättchen abzupfen und
fein hacken. Mit dem restlichen Öl und
dem Zitronensaft mischen.

5_Die Pilze in der Alugrillschale verteilen,
auf den Rost stellen und bei starker Hitze
etwa 10 Minuten grillen, bis sie schön gebräunt sind. Dabei ab und zu durchrühren.

6_Dann die Grillpilze in einer Schüssel
mit dem Petersilienöl mischen, mit Salz
und Pfeffer abschmecken und zugedeckt
stehen lassen.

7_Den Rost einölen. Die Hähnchenfilets
salzen, auf den Rost legen und bei mittlerer Hitze 12–15 Minuten (je nach Dicke)
grillen, bis sie schön gebräunt und durch
sind, dabei immer wieder mal umdrehen.
Garprobe machen (siehe TIPP, Seite 74).
Filets mit dem Pilzsalat servieren. Außerdem passt dazu eine Joghurtsauce, etwa
Tsatsiki oder Paprikajoghurt (Seite 120).

VARIANTE: Hähnchenbrust mit Ketchupmarinade
Nur die Hälfte des Pfeffers nehmen, die
Körner grob hacken und mit 3 EL Ketchup
und 3 EL Buttermilch verrühren. Mit Salz
und Tabasco pikant abschmecken und
die Hähnchenbrustfilets damit einpinseln.
Wie beschrieben marinieren und grillen.

TIPP
Statt der Hähnchenbrust schmeckt auch
Entenbrust. Dafür 2 Entenbrustfilets (je
etwa 350 g) mit der Marinade einstreichen,
ziehen lassen. Dann zuerst auf der Hautseite bei mittlerer Hitze 5 Minuten grillen.
Umdrehen und weitere 10 Minuten grillen,
dabei ab und zu wenden. Zum Schluss in
Alufolie gewickelt etwa 5 Minuten ruhen
lassen, in Scheiben schneiden und mit
dem Salat essen.

Currypute mit Gurkensalat

Feines aus der Thai-Küche

Zutater für 4 Personen:
Für die Currypute:
1 Bio-Limette oder 1/2 Bio-Zitrone
200 ml Kokosmilch
2 TL rote Currypaste
3 EL helle Sojasauce
4 dicke Putenschnitzel (je etwa 200 g)
Öl für den Rost
Für den Salat:
4 EL heller Reisessig
1 EL brauner Zucker
1 EL Öl
1 Salatgurke
1 rote oder weiße Zwiebel
1 rote Chilischote (wer mag)
1/4 Bund Koriandergrün
Salz

Zubereitungszeit: 40 Minuten
+ 2 Stunden Marinieren
Kalorien pro Portion: 280 kcal

1_Limette oder Zitrone heiß waschen und abtrocknen, die Schale fein abreiben, 2 EL Saft auspressen. Die Kokosmilch mit der Currypaste und der Sojasauce mit dem Schneebesen gründlich durchrühren. Oder den Pürierstab nehmen, mit dem geht's schneller und die Marinace wird noch viel glatter. Zitrusschale und -saft unterrühren.

2_Das Putenfleisch waschen und trocken tupfen, in eine flache Schale legen und die Kokosmarinade gleichmäßig darüber verteilen. Abgedeckt für etwa 2 Stunden in den Kühlschrank stellen und marinieren lassen (länger schadet aber auch nicht, man kann das Putenfleisch also schon morgens einlegen).

3_Dann für den Salat den Essig mit 4 EL Wasser und dem Zucker aufkochen, bis sich der Zucker auflöst. Öl unterschlagen und die Sauce abkühlen lassen.

4_Inzwischen die Gurke waschen oder schälen und die Enden abschneiden. Die Gurke der Länge nach halbieren und die Kerne aus der Mitte mit einem Teelöffel herausschaben. Die Gurke in ungefähr 1/2 cm dicke Scheiben schneiden.

5_Zwiebel schälen, vierteln und in feine Streifen schneiden. Eventuell die Chili-schote waschen, vom Stiel befreien und samt den Kernen in feine Ringe schneiden. Den Koriander abbrausen und trocken schütteln, die Blättchen abzupfen und fein hacken. Alles mit den Gurken unter die Essigsauce mischen. Den Salat mit Salz abschmecken.

6_Den Rost einölen. Die Putenschnitzel aus der Marinade nehmen und abtropfen lassen. Schnitzel auf den Rost legen und bei mittlerer Hitze 12–15 Minuten grillen, bis sie gebräunt und durch sind. Dabei ein- bis zweimal wenden und ab und zu mit der übrigen Marinade einpinseln. Puten-schnitzel mit dem Gurkensalat servieren.

Fisch

„Fisch zu braten, ist ja schon eine Kunst für sich, aber grillen? Da hängt doch alles an oder fällt durch den Rost!" Immer mit der Ruhe, was die Leute an den Stränden und Küsten hinkriegen, sollten wir doch auch schaffen. Ein bisschen Folie, ein paar Aluschalen, einen Grillkorb oder einfach nur ein Steckerl – und schon kann's losgehen mit Olivenmakrelen, Knoblauchsardinen und Ingwer-saibling, mit Kebab, Cordon bleu oder Hacksteaks vom Fisch und mit Jakobs-muscheln und Garnelen vom Spieß. Goin' fishin' anyone?

Fisch

Unser liebstes Aroma:
Der Rosmarin

Was schmeckt mehr nach Mittelmeer als Rosmarin? Ist er noch jung, verströmen seine weichen Blättchen einen grün-herben, fast mentholartigen Duft, der nach vielen Reife- und Sonnenstunden einem volleren Aroma weicht, das leicht süß ist und etwas von Geröstetem hat, fast „knusprig" scheint. Dann ist er ideal, um im Ganzen mit einem Fisch in einen Grillkorb gepackt oder in die Bauchhöhle gesteckt zu werden, um von innen zu wirken. Gehackter Rosmarin in einer Marinade lässt nicht nur Sardinen oder Garnelen nach Urlaub schmecken, sondern auch Fleisch, Geflügel und Gemüse. Und wer es ganz dezent mag, bindet Rosmarinzweige zu einem Pinsel zusammen, mit dem eine Marinade oder Glasur aufs Grillgut gestrichen wird.

Wie wär's mal mit ...
... One-way-Grillen?

Wir haben es ja gleich zu Anfang gesagt – wir wollen das Grillen in diesem Buch ein wenig vom Altar holen, weg von der Samstagabendterrasse raus ins wahre Leben. Und deswegen greifen wir auch ab und zu zum Wegwerfgrill, den man sich inzwischen an vielen Tankstellen holen kann – wobei die Würstchen dort bleiben, bitte. Da machen wir lieber einen kleinen Abstecher zum Fischladen, der vielleicht gerade ein paar Sardinen in der Theke hat. Mit denen geht es dann an den See, Grill aufgeklappt, Glut angefeuert, die Fische auf den „Rost" gelegt und eine Flasche eiskalten Rosé geöffnet – so schnell kann man im Urlaub sein. Und da wir gute Gäste sind, räumen wir zum Schluss wieder alles schön weg und werfen jegliche Reste brav in die Tonne. Und das nächste Mal wird dann wieder korrekt daheim gegrillt.

Grill & Drink
Strong Island Ice Tea

Der Barkeeper warnt: Ein Cocktail aus mehr als zwei Sorten Alkohol in größeren Mengen, aufgefüllt mit Cola, gefährdet die Wahrnehmung. Der Gastgeber rät: Lassen wir das mit dem Long Island Ice Tea und mixen wir lieber etwas, mit dem das Grillfest Spaß macht.

Für 1 großes Glas Strong Island Ice Tea werden 150 ml Eistee (fertig gekauft oder selbst gemacht) mit 150 ml Orangensaft und 1 EL Himbeersirup nacheinander in ein Longdrinkglas halbvoll mit Eiswürfeln gefüllt. Kurz verrühren, mit Strohhalm und Limettenscheibe servieren.

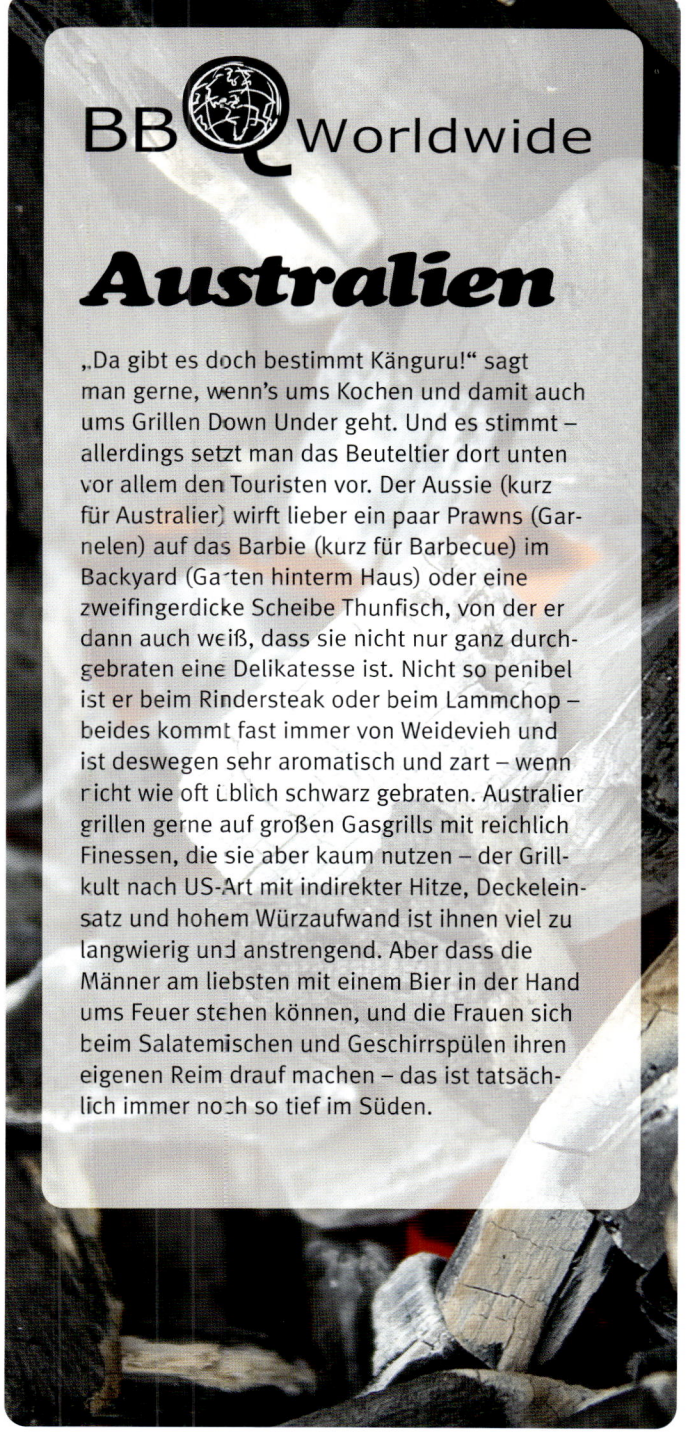

BBQ Worldwide

Australien

„Da gibt es doch bestimmt Känguru!" sagt man gerne, wenn's ums Kochen und damit auch ums Grillen Down Under geht. Und es stimmt – allerdings setzt man das Beuteltier dort unten vor allem den Touristen vor. Der Aussie (kurz für Australier) wirft lieber ein paar Prawns (Garnelen) auf das Barbie (kurz für Barbecue) im Backyard (Garten hinterm Haus) oder eine zweifingerdicke Scheibe Thunfisch, von der er dann auch weiß, dass sie nicht nur ganz durchgebraten eine Delikatesse ist. Nicht so penibel ist er beim Rindersteak oder beim Lammchop – beides kommt fast immer von Weidevieh und ist deswegen sehr aromatisch und zart – wenn nicht wie oft üblich schwarz gebraten. Australier grillen gerne auf großen Gasgrills mit reichlich Finessen, die sie aber kaum nutzen – der Grillkult nach US-Art mit indirekter Hitze, Deckeleinsatz und hohem Würzaufwand ist ihnen viel zu langwierig und anstrengend. Aber dass die Männer am liebsten mit einem Bier in der Hand ums Feuer stehen können, und die Frauen sich beim Salatemischen und Geschirrspülen ihren eigenen Reim drauf machen – das ist tatsächlich immer noch so tief im Süden.

Glut-Menschen **Feingriller**

Also wenn sie Holz oder Kohle nehmen, dann muss es von der Buche sein, astrein getrocknet oder geköhlert. Dazu ein paar Obstbaum- oder Weidenzweige, die geben ein aromatisches Finish. Aber eigentlich ist Gas eher ihres, das kann man nämlich genau justieren, sodass der seit Wochen vorbestellte brandenburgische Regenwolkensaibling seine weite Reise nicht umsonst gemacht hat und die eigens für ihn gemörserte Würzmischung zur vollen Geltung kommt. Wenn Feingriller Gastgeber sind, kann man sich auf jeden Fall auf einen Abend (wie bei Sterneköchen reicht hier die Vorbereitungszeit nicht bis mittags) voller Köstlichkeiten einstellen. Es wird zwar kein Grillabend sein, aber ein echter Genuss. Außer, man möchte sich mit ihnen auch ein bisschen unterhalten, und zwar nicht nur übers Kochen. Wenn Feingriller Gäste sind und fragen, ob sie etwas mitbringen können, sagt man: „Am besten dein Essen. Und deinen Grill." Oder man schickt sie gleich in die Küche, denn da fühlen sie sich ohnehin am wohlsten.

Fischfilet auf Zitronengras

Sieht gut aus und schmeckt auch so

Zutaten für 4 Personen:
600 g festfleischiges Fischfilet
(z.B. Heilbutt oder Seeteufel)
1 Bio-Limette
1 Stück Ingwer (etwa 2 cm)
1/2 Bund Koriandergrün
1 TL Koriandersamen
1 EL Sojasauce
8 Stangen Zitronengras
300 g Kirschtomaten (so groß, dass
man sie gut aufspießen kann)
Salz
Öl für den Rost

Zubereitungszeit: 45 Minuten
Kalorien pro Portion: 155 kcal

1_Mit dem Finger über das Fischfleisch
fahren. Falls Gräten zu spüren sind, mit
der Pinzette aus dem Filet ziehen. Das
Fischfilet in 2 cm große Würfel schneiden.

2_Limette heiß waschen und abtrocknen,
die Schale fein abreiben, den Saft auspressen. Den Ingwer schälen und fein
hacken oder durch die Knoblauchpresse
drücken. Das Koriandergrün abbrausen
und trocken schütteln, die Blättchen abzupfen und fein hacken. Die Koriandersamen in einer Pfanne ohne Fett unter
Rühren bei mittlerer Hitze etwa 1 Minute
anrösten, bis sie duften. In den Mörser
füllen und fein zerdrücken.

3_Die Limettenschale und den -saft mit
dem Ingwer, frischem und geröstetem
Koriander und der Sojasauce verrühren
und mit den Fischfiletwürfeln mischen.
(Wer mag, kann das Ganze jetzt ein paar
Stunden im Kühlschrank ziehen lassen.)

1_Das Toastbrot in einer Schüssel mit warmem Wasser bedecken, 10 Minuten einweichen. Inzwischen mit dem Finger über das Fischfleisch fahren. Falls Gräten zu spüren sind, mit der Pinzette fassen und herausziehen. Fischfilet klein würfeln, dann mit einem großen schweren Messer so lange hacken, bis der Fisch fast musig ist. In eine Schüssel geben.

2_Die Kräuter abbrausen und trocken schütteln, die Blättchen fein hacken. Die Zwiebel schälen und auf der Küchenreibe fein reiben, das letzte Stück falls nötig ganz fein hacken. Den Knoblauch schälen und zum Fischfleisch pressen. Die Chilischote waschen, vom Stiel befreien und samt den Kernen fein hacken.

3_Das Toastbrot gut ausdrücken und in kleine Stücke zerpflücken. Mit Kräutern, Zwiebel, Chili, Ei und den Gewürzen zum Fischfleisch geben und alles gut durchkneten, salzen. Die Hände etwas einölen. Vom Fischteig etwa 1 EL abnehmen und zu einem länglichen Würstchen formen, das gut 2 cm dick sein soll. Aus der restlichen Fischmasse ebenso große Würstchen formen. Würstchen längs auf die Spieße stecken und mit übrigem Öl einpinseln.

4_Den Rost gut einölen. Die Spieße auf den Rost legen und bei mittlerer Hitze etwa 12 Minuten grillen, dabei auf alle Seiten drehen.

TIPP
Die Fischspieße schmecken mit einem erfrischenden Salat, etwa aus gewürfelten Tomaten und Gurken mit etwas gehackter Minze, Zitronensaft und Olivenöl. Oder auch zusammen mit Salatblättern und Tomatenscheiben ins Fladenbrot gepackt.

Fisch-Kebab
Orientalisches für Fischfans

Zutaten für 4 Personen:
2 Scheiben Toastbrot
600 g Fischfilet (z.B. Zander oder Lachsforelle)
je 1/2 Bund glatte Petersilie und Koriandergrün
ein paar Blättchen Minze
1 Zwiebel
2 Knoblauchzehen
1 kleine rote Chilischote
1 Ei (M)
je 1 TL edelsüßes Paprikapulver, gemahlener Kreuzkümmel und Koriander
Salz
4 EL Olivenöl (+ Öl für den Rost)
12 lange Holz- oder Metallspieße

Zubereitungszeit: 45 Minuten
Kalorien pro Portion: 245 kcal

4_Die Zitronengrasstangen waschen und an den oberen Enden jeweils ein kleines Stück abschneiden. Falls die äußeren Schichten welk aussehen, zupft man sie am besten ab. Die Tomaten waschen.

5_Die Fischfiletwürfel und die Tomaten abwechselnd auf die Zitronengrasstangen spießen. Wenn das nicht auf Anhieb geht, mit der Messerspitze jeweils ein kleines Loch in Fisch und Tomaten bohren, dann aufspießen. Die Spieße salzen.

6_Den Rost einölen. Die Spieße auf den Rost legen und bei mittlerer Hitze auf jeder der vier Seiten 2–3 Minuten grillen.

VARIANTE: Fischspieße mediterran
Das Zitronengras durch kräftige Rosmarinzweige ersetzen – die Nadeln dran lassen. Limette, Ingwer, Koriandergrün und -samen sowie die Sojasauce weglassen. Dafür die Fischfiletwürfel mit Zitronensaft, etwas Honig, Chilipulver und Olivenöl beträufeln und ziehen lassen. Mit den Tomaten auf die Rosmarinzweige stecken, grillen.

Makrelen mit Olivensalz

Purer Fischgenuss

Zutaten für 4 Personen:
4 küchenfertige Makrelen (je 350 g)
16–24 frische Lorbeerblätter
1 Bio-Zitrone
Salz │ Pfeffer
50 g entsteinte schwarze Oliven
50 g grobkörniges Salz
4 Grillkörbe
Olivenöl für die Körbe und den Rost

Zubereitungszeit: 30 Minuten
Kalorien pro Portion: 490 kcal

1_Makrelen innen und außen waschen, trocken tupfen. Die Haut der Makrelen auf beiden Seiten zwei- bis dreimal leicht schräg bis zur Mittelgräte einschneiden. In jeden Schnitt 1 Lorbeerblatt stecken.

2_Die Zitrone heiß waschen, abtrocknen und in dünne Scheiben schneiden. Die Makrelen innen und außen salzen und pfeffern, Zitronenscheiben in den Fischbäuchen verteilen. Grillkörbe gut einölen und die Fische hineinstecken.

3_Die Oliven fein hacken. Grobkörniges Salz im Mörser etwas zerdrücken, Oliven kurz mitmörsern. Die Mischung in ein Schälchen füllen.

4_Den Rost einölen. Fische auf den Rost legen und bei mittlerer Hitze pro Seite 6–7 Minuten grillen. Mit dem Olivensalz zum Selberwürzen auf den Tisch stellen.

TIPP

Große Fische mit Schuppen auf der Haut wie Brassen oder Wolfsbarsche eignen sich ebenfalls bestens für den Grill. Die Schuppen bilden eine Kruste, die das Festkleben am Rost verhindert, und die dicke Haut schützt das zarte Fischfleisch vor dem Trockenwerden. Die Fische also nur ausgenommen, nicht aber geschuppt kaufen, waschen und trocken tupfen. Dann auf dem eingeölten Grillrost bei mittlerer Hitze grillen, bis die Haut schön knusprig ist. Ein Fisch von 1 kg braucht pro Seite gut 10 Minuten. Gegrillten Fisch filetieren und ohne Haut essen – ganz schlicht mit gutem Olivenöl, Zitronensaft, (Meer-)Salz und Pfeffer aus der Mühle.

Knoblauchsardinen

Griechisch verfeinert

Zutaten für 4 Personen:
1 kg Sardinen
1 große Bio-Zitrone
1 Bund Dill
2 EL Anisschnaps (z. B. Ouzo)
1 TL Anissamen
Pfeffer
4 Knoblauchzehen
Salz
4 Grillkörbe
Olivenöl für die Körbe und den Rost

Zubereitungszeit: 40 Minuten
+ 1 Stunde Marinieren
Kalorien pro Portion: 230 kcal

1_Die Köpfe der Sardinen abschneiden. Die Bäuche der Fische aufschneiden und die Innereien mit den Fingern herauslösen. Die Fische innen und außen waschen, die Schuppen dabei gut abstreifen. Die Mittelgräten der Fische vom Bauchinneren aus mit dem Stiel eines Löffels lösen und abheben. Vorsichtig aus dem Fleisch ziehen.

2_Zitrone heiß waschen und abtrocknen, die Schale in dünnen Streifen abschneiden und beiseitestellen, den Saft auspressen. Den Dill abbrausen und trocken schütteln, die Spitzen abzupfen. Den Dill mit dem Anisschnaps, dem Anis und dem Zitronensaft verrühren, pfeffern und über den Sardinen verteilen. Mindestens 1 Stunde im Kühlschrank durchziehen lassen.

3_Dann Knoblauch schälen und in dünne Scheiben schneiden. Mit der Zitronenschale in den Sardinenbäuchen verteilen, Sardinen salzen. Die Grillkörbe einölen. Jeweils ein paar Sardinen nebeneinander in die Grillkörbe legen.

4_Den Rost einölen. Die Sardinen auf den Rost legen und bei starker Hitze auf jeder Seite etwa 5 Minuten grillen.

TIPP

Die Sardinen schmecken auch ohne die Marinade. Dann einfach nur Knoblauch und Zitronenschale in den Fischbäuchen verteilen, die Fische in die Grillkörbe einpacken und wie beschrieben grillen.

Ingwer-saibling

Mit zart-frischem Aroma

Zutaten für 4 Personen:
4 küchenfertige Saiblinge (je 350 g)
1 Bio-Zitrone
1 Stück Ingwer (etwa 5 cm)
1 Bund Koriandergrün
Salz | Pfeffer oder Chilipulver
4 EL Öl (+ Öl für die Körbe und den Rost)
4 Grillkörbe

Zubereitungszeit: 30 Minuten
Kalorien pro Portion: 380 kcal

1_Die Fische waschen und trocken tupfen. Die Zitrone heiß waschen, abtrocknen und in dünne Scheiben schneiden. Den Ingwer schälen und ebenfalls in feine Scheiben schneiden. Den Koriander abbrausen und trocken schütteln.

2_Die Fische innen und außen mit Salz und Pfeffer oder Chilipulver würzen. Die Zitronen- und die Ingwerscheiben mit dem Koriander in den Fischbäuchen verteilen. Die Fische mit dem Öl einpinseln. Die Grillkörbe gut einölen und die Fische hineinstecken.

3_Den Rost gut einölen. Die Saiblinge auf den Rost legen und bei starker Hitze etwa 20 Minuten grillen, bis sie schön gebräunt sind. Dabei ab und zu umdrehen. Dazu passt die Tex-Mex-Mayo von Seite 124, die schnelle Rhabarbersalsa oder Tomaten-Paprika-Salsa von Seite 122 und der Grillgemüse-Salat von Seite 100 oder einfach nur ofenfrisches Brot und etwas Gemüse frisch vom Grill.

VARIANTE: Kräuter-Chili-Saibling

Statt Ingwer und Koriander kommen in diese mediterrane Version 2 geschälte Knoblauchzehen in dünnen Scheiben, 2 mit den Kernen geviertelte Chilischoten und je 1 Zweig Rosmarin und 2–3 Zweige Thymian und Oregano – grob zerkleinert.

Fischfilets mit Honig-Soja-Marinade

Ganz schnell gemacht

Zutaten für 4 Personen:
8 kleine Fischfilets (ohne Haut, z.B. Rotbarben, Saiblinge oder Goldbrassen)
1/2 Bio-Zitrone
2 TL flüssiger Honig
4 EL Sojasauce
Alugrillschale + Öl zum Einölen

Zubereitungszeit: 20 Minuten
Kalorien pro Portion: 130 kcal

1_Mit dem Finger über das Fischfleisch fahren. Falls Gräten zu spüren sind, mit der Pinzette aus den Filets ziehen. Die Filets in eine flache Schale legen.

2_Zitrone heiß waschen und abtrocknen, die Schale fein abreiben, 1 EL Saft auspressen. Den Honig mit Zitronensaft und -schale und der Sojasauce mischen. Die Mischung über die Fischfilets löffeln. (Wer mag, lässt sie abgedeckt noch einige Zeit im Kühlschrank durchziehen.)

3_Die Alugrillschale auf den Rost setzen und sehr gut einölen. Die Fischfilets nebeneinander in die Grillschale legen und bei starker Hitze etwa 5 Minuten grillen, umdrehen und noch einmal etwa 3 Minuten grillen. Gleich servieren. Dazu passt der Nudelsalat mit Koriander von Seite 130 oder einfach nur Brot und ein bunt gemischter Blattsalat.

TIPP
Die Alugrillschale sorgt bei diesen zarten Fischfilets dafür, dass sie nach dem Garen nicht auseinanderbrechen und durch den Rost in die Glut fallen.
Alternative: Fischfilets mit dicker Haut nehmen (etwa Goldbrasse oder Wolfsbarsch) und die Haut gut einölen. Auf dem Rost mit der Hautseite nach unten bei starker Hitze 5–6 Minuten grillen, bis sich das Filet lösen lässt, dann wenden und nur ganz kurz fertig grillen.

Lachsfilets mit Thai-Dressing

Knuspriger Fisch mit cooler Sauce

Zutaten für 4 Personen:
4 Lachsfilets (mit Haut, je etwa 200 g, auch fein: Lachsforellenfilets)
2 EL Öl (+ Öl für den Rost)
Salz | Pfeffer
1 rote Zwiebel
1 Stück Ingwer (etwa 2 cm)
2 rote Chilischoten
1 kleines Bund Koriandergrün
4 EL frisch gepresster Limettensaft
2 TL Zucker
2 EL Fischsauce

Zubereitungszeit: 25 Minuten
Kalorien pro Portion: 470 kcal

1_Mit dem Finger über das Fischfleisch fahren. Falls Gräten zu spüren sind, mit der Pinzette aus den Filets ziehen. Die Fischfilets auf der Hautseite gründlich mit dem Öl einpinseln, leicht mit Salz und Pfeffer würzen.

2_Fürs Dressing die Zwiebel schälen und fein würfeln. Den Ingwer schälen und erst in dünne Scheiben, dann in feine Streifen schneiden. Die Chilischoten waschen und die Stiele entfernen, die Schoten samt den Kernen fein hacken. Den Koriander abbrausen und trocken schütteln, die Blättchen abzupfen und fein schneiden. Den Limettensaft mit dem Zucker und der Fischsauce gründlich verrühren, bis sich der Zucker gelöst hat. Zwiebel, Ingwer, Chilis und Koriander untermischen.

3_Den Rost sehr gut einölen. Die Fischfilets mit der Hautseite nach unten auf den Rost legen und bei starker Hitze etwa 5 Minuten grillen. Wenden und nur noch 1–2 Minuten grillen.

4_Die Fischfilets mit der Hautseite nach unten auf Teller legen, mit etwas Dressing beträufeln und gleich servieren. Das restliche Dressing mit auf den Tisch stellen.

TIPP
Obwohl Fischsauce im Dressing ist: Es schmeckt auch genial zu Huhn oder Pute vom Grill.

Fischkoteletts mit Gremolata
Sommerlich leicht und frisch

Zutaten für 4 Personen:
4–8 Fischkoteletts (je nach Größe, z.B. vom Lachs oder Seeteufel, je etwa 2 cm dick)
1 Bio-Zitrone
4 EL Olivenöl (+ Öl für den Rost)
Salz | Pfeffer
1/4 Bund Zitronenmelisse
1 Frühlingszwiebel
2 Knoblauchzehen

Zubereitungszeit: 30 Minuten
Kalorien pro Portion: 235 kcal

1_Mit dem Finger über das Fischfleisch fahren. Falls Gräten zu spüren sind, mit der Pinzette aus den Koteletts ziehen. Die Zitrone heiß waschen und abtrocknen, die Hälfte der Schale fein abreiben, den Rest dünn abschneiden (ohne das Weiße, sonst schmeckt sie bitter). Die Hälfte des Safts auspressen.

2_Den Zitronensaft mit der abgeriebenen Zitronenschale und dem Olivenöl gründlich verrühren, mit Salz und Pfeffer würzen. Die Fischkoteletts damit auf beiden Seiten gut einpinseln.

3_Die Zitronenmelisse abbrausen und trocken schütteln, Blättchen abzupfen. Von der Frühlingszwiebel das Wurzelbüschel und den welken oberen Teil abschneiden. Die Zwiebel waschen und in feine Ringe schneiden. Den Knoblauch schälen und mit der abgeschnittenen Zitronenschale und der Melisse sehr fein hacken. Mit den Zwiebelringen in ein Schälchen füllen und auf den Tisch stellen.

4_Den Rost sehr gut einölen. Die Koteletts auf den Rost legen und bei starker Hitze 4–5 Minuten grillen, umdrehen und noch einmal so lange grillen. Beim Essen etwas von der Gremolata daraufstreuen. Dazu schmeckt ein Salat, etwa Blattsalate mit Pfirsich (Seite 132), und ofenfrisches knuspriges Weißbrot.

Gefüllte Tintenfische

Lassen sich gut vorbereiten

Zutaten für 4 Personen:
24 Tintenfischbeutel zum Füllen (um die 10–12 cm lang, insgesamt etwa 700 g schwer, küchenfertig vorbereitet)
200 g kleine Zucchini
Salz
1 Stück altbackenes Weißbrot (etwa 30 g)
1/2 Bund Basilikum
1/2 Bio-Zitrone
1 rote Chilischote (wer mag, frisch oder getrocknet)
2 EL frisch geriebener Parmesan
Zahnstocher
Öl für den Rost

Zubereitungszeit: 50 Minuten
Kalorien pro Portion: 175 kcal

1_Die Tintenfische waschen und trocken tupfen, 4 Beutel fein schneiden. Zucchini waschen, putzen und fein raspeln. Die Zucchiniraspel in einer Schüssel mit knapp 1 TL Salz mischen. Zucchini 10 Minuten Wasser ziehen lassen.

2_Inzwischen das Brot in einer Schüssel mit lauwarmem Wasser bedecken und weich werden lassen. Basilikumblättchen abzupfen und fein hacken. Die Zitrone heiß waschen und abtrocknen, die Schale fein abreiben. Eventuell die Chilischote zerkleinern: Frisch wird sie gewaschen und vom Stiel befreit, dann mit oder ohne den Kernen (so ist sie milder) ganz fein gehackt. Oder die getrocknete Chilischote im Mörser so fein wie möglich zerstoßen.

3_Die Zucchini gut ausdrücken, das eingeweichte Brot ebenfalls. Beides mit den fein geschnittenen Tintenfischbeuteln, der Zitronenschale, dem Basilikum, dem Parmesan und eventuell der Chilischote gut mischen. Ein bisschen von der Füllung probieren. Salz braucht sie wahrscheinlich keins mehr, eingesalzene Zucchini und Käse liefern genügend davon, ansonsten die Füllung noch salzen.

4_Die Füllung in den restlichen Tintenfischbeuteln verteilen. Nicht zu fest reindrücken, die Füllung dehnt sich beim Erhitzen leicht aus. Die Öffnungen mit Zahnstochern gut verschließen.

5_Den Rost gut einölen. Die Tintenfische auf den Rost legen und bei mittlerer Hitze etwa 15 Minuten grillen, dabei möglichst auf alle Seiten drehen.

VARIANTE: Calamaretti- oder Polipettispieße

700 g Mini-Calamari oder Polipetti (kleine Kraken) in ausreichend Salzwasser etwa 1 Minute sprudelnd kochen lassen, dann abschrecken. Mit 1 EL frisch gepresstem Zitronensaft, Salz, Pfeffer oder Chilipulver und 2 EL Olivenöl mischen, kurz ziehen lassen. Dann auf lange Holz- oder Metallspieße stecken und auf dem geölten Rost bei starker Hitze etwa 8 Minuten grillen, dabei ab und zu umdrehen.

Basic-TIPP

Tintenfischbeutel sind im Fischladen meist ausgenommen und küchenfertig vorbereitet zu haben. Im großen Lebensmittelmarkt gibt es sie aber auch mal mit Kopf und Innereien. In diesem Fall: 800 g Tintenfische nehmen. Die Köpfe mit den Fangarmen herausziehen, die durchsichtigen Fischbeine aus den Beuteln herauslösen. Die Fangarme von den Köpfen abschneiden und fein zerkleinern, später mit unter die Füllung mischen (statt der 4 fein geschnittenen Beutel). Die Köpfe und die Fischbeine wegwerfen.

Cordon bleu vom Fisch in der Folie

Der Klassiker ganz zart

Zutaten für 4 Personen:
8 möglichst gleich große Fischfilets (je etwa 70 g, z. B. Rotbarsch,
Seelachs, Kabeljau)
Salz | Pfeffer
1 1/2 EL frisch gepresster Zitronensaft
4 Salbeiblätter
4 Scheiben Lachsschinken
4 Scheiben Butterkäse
1 EL Butter
100 g Sahne
100 g Mayonnaise
1 EL scharfer Senf
Cayennepfeffer
1 kleines Baguette
Olivenöl zum Beträufeln
4 Bögen extrastarke Alufolie
(etwa 20 x 20 cm)

Zubereitungszeit: 45 Minuten
Kalorien pro Portion: 870 kcal

1_Mit dem Finger über das Fischfleisch fahren. Falls Gräten zu spüren sind, mit der Pinzette aus den Filets ziehen. Die Filets mit Salz, Pfeffer und 1 EL Zitronensaft würzen. Salbei abbrausen, trocken tupfen und auf der Hälfte der Filets verteilen. Schinken und Käse darauflegen und mit den übrigen Filets abdecken.

2_Alufolie auf einer Seite mit Butter einstreichen, mit Salz bestreuen, die Filets in die Mitte legen. Die Folie darüberschlagen und wie ein Päckchen verschließen.

3_Die Sahne steif schlagen. Mayonnaise mit Senf und restlichem Zitronensaft verrühren, mit Cayennepfeffer abschmecken. Locker mit der Sahne verrühren. Baguette in Scheiben schneiden.

4_Die Folienpäckchen auf den Rost setzen und die Cordon bleu bei mittlerer Hitze 8–10 Minuten grillen. Baguette mit auf den Rost legen und auf beiden Seiten knusprig rösten.

5_Die fertigen Päckchen neben dem Grill noch etwa 5 Minuten ruhen lassen. Die Baguettescheiben mit Olivenöl beträufeln und mit dem Mayonnaisedip zum in der Folie servierten Fisch genießen.

Thai-Fishcakes

Frikadellen auf Asiatisch

Zutaten für 4–6 Personen:
1 kg helles Fischfilet (z. B. Kalbejau, Seelachs)
Salz
200 g grüne Bohnen
1 Stange Zitronengras
1 kleines Bund Koriandergrün
1 Ei (M)
2 EL gelbe Currypaste
2 TL Speisestärke
2 TL brauner Zucker
Pfeffer | Öl für die Grillschale
süßscharfe Chilisauce (zum Servieren)
Alugrillschale

Zubereitungszeit: 30 Minuten
+ Auskühlen
Kalorien pro Portion (bei 6 Personen):
230 kcal

1_Mit dem Finger über das Fischfleisch fahren. Falls Gräten zu spüren sind, mit der Pinzette aus den Filets ziehen. 100 ml Wasser mit 1/2 TL Salz in einem Topf aufkochen. Das Fischfilet darin zugedeckt 3 Minuten garen, in ein großes Sieb abgießen und auskühlen lassen.

2_Bohnen waschen und putzen, dann in sehr feine Scheiben schneiden. Zitronengras waschen und putzen, sodass alle harten Außenblätter entfernt sind, die Stange in ganz feine Scheiben schneiden. Den Koriander abbrausen und trocken schütteln, die Blätter abzupfen und nur ganz grob hacken.

3_Das Ei trennen. Fischfilet zerpflücken, mit Eiweiß, Currypaste und Zitronengras mischen. Im Mixer in 30 Sekunden nicht zu fein pürieren. Mit Eigelb, Bohnen, gehacktem Koriander, Stärke und Zucker mischen. Mit Salz und Pfeffer würzen. Aus der Masse mit feuchten Händen walnussgroße Bällchen formen und flachdrücken.

4_Die Alugrillschale gut einölen. Die Fishcakes in der Grillschale bei mittlerer Hitze auf jeder Seite 4–5 Minuten grillen, bis sie goldbraun und knusprig sind. Mit Chilisauce servieren.

Lemon Prawns

Die wirft der Aussie aufs Barbie

Zutaten für 4 Personen:
2 Bio-Zitronen | 1 Bund Dill
1/2 TL Fenchelsamen
20 ungeschälte Garnelen (je etwa 50 g)
Salz | Pfeffer
8 EL Olivenöl | 1 Knoblauchzehe
1 TL scharfer Senf | 1 Prise Zucker

Zubereitungszeit: 30 Minuten
+ 1 Stunde Marinieren
Kalorien pro Portion: 160 kcal

1_Zitronen heiß waschen und abtrocknen, die Schale fein abreiben, Saft auspressen. Den Dill abbrausen und trocken schütteln, die Spitzen abzupfen und fein hacken, die Stängel ganz lassen. Den Fenchel grob mörsern oder hacken.

2_Die Garnelen waschen, trocken tupfen und in eine große Schüssel geben. Vom Zitronensaft 2 EL abnehmen, den Rest mit Zitronenschale, Dillstängeln, 1/2 TL Salz, Pfeffer und 2 EL Öl verrühren. Über die Garnelen gießen und diese gut in der Marinade wenden. 1 Stunde zugedeckt im Kühlschrank durchziehen lassen.

3_Den Knoblauch schälen, fein würfeln und mit dem abgenommenen Zitronensaft, gehacktem Dill, Senf, übrigem Öl, Salz, Pfeffer und dem Zucker verrühren.

4_Garnelen aus der Marinade nehmen, ganz kurz abtropfen lassen, auf den Rost legen und bei mittlerer Hitze auf jeder Seite 3–4 Minuten grillen, bis sie schön rot sind. In eine große Schüssel geben und mit der Zitronen-Knoblauch-Vinaigrette sowie einem großen Pack Papierservietten auf den Tisch stellen. Und zugreifen.

TIPPs

Die Garnelen sollten mindestens daumendick sein, so werden sie nicht zu schnell trocken – und fallen nicht durch den Rost! Weswegen der Kopf auch dranbleibt. Wer das nicht mag, dreht in ab und wäscht die Garnelen noch mal kurz ab.
Geschälte Garnelen salzt man stets kurz vor dem Grillen, damit sie schön saftig bleiben. Behalten sie aber ihre Schale, kommt das Salz schon in die Marinade, damit das Aroma gut durch den Panzer dringen kann, der wiederum das zarte Fleisch vorm Austrocknen schützt.

Fischröllchen mit Paprika

Spanisch inspiriert

Zutaten für 4 Personen:
8 dünne, lange Fischfilets (z. B. Scholle)
1 Bund glatte Petersilie
2 Knoblauchzehen
2 Frühlingszwiebeln
Salz | Pfeffer
1 TL rosenscharfes Paprikapulver
16 gefüllte Oliven (mit Mandeln oder
mit Sardellenfilets)
4 EL Olivenöl (+ Öl für die Grillschale)
je 1 große rote und grüne Paprikaschote
8 lange Holz- oder Metallspieße
Alugrillschale

Zubereitungszeit: 40 Minuten
Kalorien pro Portion: 270 kcal

1_Mit dem Finger über das Fischfleisch
fahren. Falls Gräten zu spüren sind, mit
der Pinzette aus den Filets ziehen. Die
Fischfilets jeweils je nach Form einmal
längs oder quer halbieren. Die Fischfiletstücke auf der Arbeitsfläche auslegen.

2_Die Petersilie abbrausen und trocken
schütteln, die Blättchen abzupfen und
fein hacken. Den Knoblauch schälen und
ebenfalls fein schneiden. Von den Frühlingszwiebeln die Wurzelbüschel und die
welken Teile abschneiden. Die Zwiebeln
waschen und in feine Ringe schneiden.

3_Die Fischfiletstücke mit Salz, Pfeffer
und Paprikapulver würzen. Jeweils mit
Petersilie, Knoblauch und Zwiebelringen
bestreuen und mit 1 Olive belegen. Von
der Schmalseite her aufrollen und mit
wenig Olivenöl einpinseln, leicht salzen
und pfeffern.

4_Die Paprikaschoten halbieren, weiße
Trennwände und Kerne entfernen, die
Hälften waschen und in etwa 2 cm große
Stücke schneiden. Mit dem restlichen Öl,
Salz und Pfeffer mischen. Die Fischröll-
chen und die Paprika abwechselnd auf
die Spieße stecken.

5_Die Grillschale einölen. Die Spieße in
der Schale verteilen, auf den Rost stellen
und bei mittlerer Hitze etwa 12 Minuten
grillen. Dabei die Spieße auf alle vier
Seiten drehen.

Garnelenspieße mit Knoblauch

Gibt's rund ums Mittelmeer

Zutaten für 4 Personen:
12 große Knoblauchzehen
Salz | 12 Kirschtomaten
20 geschälte Garnelen (je etwa 50 g)
2 EL Olivenöl (+ Öl für den Rost)
Pfeffer
8 lange Holz- oder Metallspieße

Zubereitungszeit: 30 Minuten
Kalorien pro Portion: 130 kcal

1_Knoblauch schälen. In einem kleinen
Topf wenig Salzwasser aufkochen. Den
Knoblauch darin etwa 2 Minuten kochen
lassen. In ein Sieb gießen, abschrecken.
Die Tomaten waschen und ganz lassen.
Die Garnelen am Rücken längs leicht einschneiden und den feinen dunklen Darm
entfernen. Die Garnelen waschen und
trocken tupfen.

2_Die Garnelen, den Knoblauch und die
Tomaten abwechselnd auf die Spieße
stecken, mit dem Öl einpinseln und mit
Salz und Pfeffer würzen.

3_Den Rost einölen. Die Garnelenspieße auf den Rost legen und bei mittlerer Hitze 8–10 Minuten grillen, dabei immer mal wieder umdrehen.

VARIANTE: Garnelen mit Knoblauchöl

Die Garnelen und die Tomaten wie beschrieben vorbereiten. Von 4 Frühlingszwiebeln die Wurzelbüschel und die welken Teile abschneiden. Die Zwiebeln waschen und in etwa 2 cm lange Stücke schneiden. Die Garnelen mit Tomaten und Frühlingszwiebeln auf die Spieße stecken. 2 Knoblauchzehen schälen und in ganz dünne Scheiben schneiden. Mit 1 zerkrümelten getrockneten Chilischote und 5 EL Olivenöl in ein kleines Pfännchen geben und auf den Grill stellen. Die Spieße wie beschrieben grillen, auf Teller legen und das warme Knoblauchöl darüberlöffeln.

Jakobsmuschel-Melonen-Spieße

Gute Mischung aus edel und herzhaft

Zutaten für 4 Personen:
1 Stück Wassermelone (etwa 300 g)
1/4 Bund Thymian
1/2 Bund glatte Petersilie
2 EL Olivenöl (+ Öl für den Rost)
Salz | Pfeffer
1 Bio-Zitrone
16 ausgelöste Jakobsmuscheln
(je etwa 40 g, ohne den orangen Corail)
16 dünne Scheiben durchwachsener Räucherspeck
12 lange Holz- oder Metallspieße

Zubereitungszeit: 35 Minuten
Kalorien pro Portion: 440 kcal

1_Wassermelone schälen und die Kerne mit der Spitze eines Küchenmessers aus dem Fleisch lösen. Melone in etwa 2 cm große Stücke schneiden, in eine Schüssel geben. Die Kräuter abbrausen, trocken schütteln und die Blättchen abzupfen, die Petersilie fein hacken.

2_Das Öl mit 1 EL von den Kräutern unter die Melonenstücke mischen, leicht salzen und pfeffern.

3_Zitrone heiß waschen und abtrocknen, die Hälfte der Schale dünn abschneiden (ohne das Weiße) und fein hacken. Die übrige Zitronenhälfte in dicke Spalten schneiden. Jakobsmuscheln waschen und trocken tupfen, leicht salzen und pfeffern.

4_Speckscheiben auf der Arbeitsfläche ausbreiten und mit den übrigen Kräutern und der gehackten Zitronenschale bestreuen. Die Speckscheiben mit jeweils 1 Jakobsmuschel belegen, die Muschel in die Speckscheibe einwickeln. Melonenstücke und Jakobsmuscheln abwechselnd auf die Spieße stecken.

5_Den Rost einölen. Muschel-Melonen-Spieße auf den Rost legen und bei starker Hitze 3–4 Minuten grillen, umdrehen und noch einmal so lange grillen. Die Zitronenspalten dazu servieren. Beim Essen vor allem die Wassermelonenstücke mit etwas Zitronensaft beträufeln.

Gemüse & Co.

„Gut, Tomate, Folienkartoffel und Aubergine vom Grill, das kennen wir. Aber was geht noch an Grünzeug auf der Glut?" Eigentlich alles, so lange es auf dem Rost liegen bleibt und auf einen Teller passt: Maiskolben und Salatviertel, Frühlingszwiebeln im Speck und Ingwer-Zitronen-Kürbisscheiben, Ratatouille und Honigzwiebeln in der Folie. „War's das?" Ach was, wir haben noch Tofu-spieße und Polentaschnitten, Halloumi-Päckchen und Kichererbsenpflanzerl. Oder Grillbananen mit Schokolade! „Ok, mein Kotelett bleibt daheim."

Gemüse

Unser liebstes Aroma:
Der Knoblauch

Die tolle Knolle kann sehr viel zum Grillen beitragen, wenn man sie der Glut nicht direkt aussetzt (höchstens ganz kurz), sondern zum Beispiel in feine Marinaden rührt. Wenn Knoblauch nämlich zu stark röstet und bräunt, schmeckt er bitter. Daher kommt er auch gerne beim Gemüsegrillen zum Einsatz, bei dem nicht lange gefackelt wird. Der Klassiker: Den Knoblauch fein hacken, mit Öl und anderen Aromen verrühren und darin dann Paprika, Auberginen oder Zucchini marinieren – vor wie nach dem Grillen. Dieses Knoblauchöl kann als Finish genauso auf jedes andere Grillstück gepinselt werden, ein Gedicht ist es auf geröstetem Brot. Auch immer gut: Knoblauch und Butter, pur oder mit vielen Kräutern darin. Schmeckt nicht nur zum Steak, sondern auch zu fast allen Gemüsen.

Wie wär's mal mit ...
... Lagerfeuergrillen?

Wenn wir drei Grillwünsche frei hätten, wären das die: erstens immer am Lagerfeuer grillen, zweitens immer jemanden zum Holz holen haben und drittens das Ganze immer erfolgreich zum Brennen und Glühen zu bringen. Die letzte Wunscherfüllung lässt sich trainieren (einfach das Anzündsystem für Holzkohle auf Seite 12 ausweiten, indem man für die Zündpyramide größere Stöckchen nimmt und diese dann nach und nach immer mächtiger werden lässt) und für die ersten beiden Wünsche gibt's ein paar TIPPs auf Seite 11. Den Rest hat man dann selbst in der Hand – etwa Marshmallows am Spieß oder Kartoffeln in der Folie, um die Klassiker zu nennen. Aber man kann auch Bananen samt Schale oder Rote Beten in Folie wickeln und auf die Glut legen oder Paprikaschiffchen aufspießen oder Hähnchenflügel auf einen Rost legen, der zum Beispiel an einem Dreibein hängt. Aber sich bitte nicht zu sehr von der Lagerfeuerromantik ablenken lassen, sonst wird das Essen schnell aschig und schwärzer als die Nacht.

Grill & Drink
Brotzeit Crush

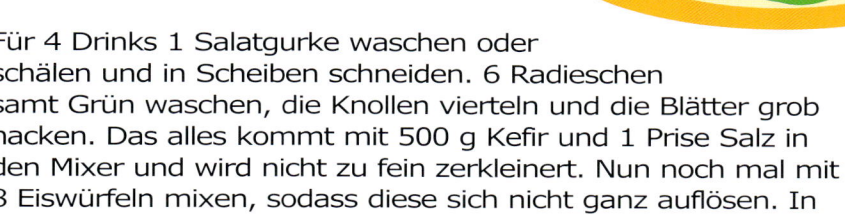

Manchmal braucht's einfach was Gesundes, das einen wieder auf Spur bringt und neu starten lässt – oder das einem dabei hilft, diese höllische Schärfe im Mund zu ertragen. Dieser Vitamindrink ist für all das ideal.

Für 4 Drinks 1 Salatgurke waschen oder schälen und in Scheiben schneiden. 6 Radieschen samt Grün waschen, die Knollen vierteln und die Blätter grob hacken. Das alles kommt mit 500 g Kefir und 1 Prise Salz in den Mixer und wird nicht zu fein zerkleinert. Nun noch mal mit 8 Eiswürfeln mixen, sodass diese sich nicht ganz auflösen. In Gläser füllen, mit Pfeffer bestreuen und gleich servieren.

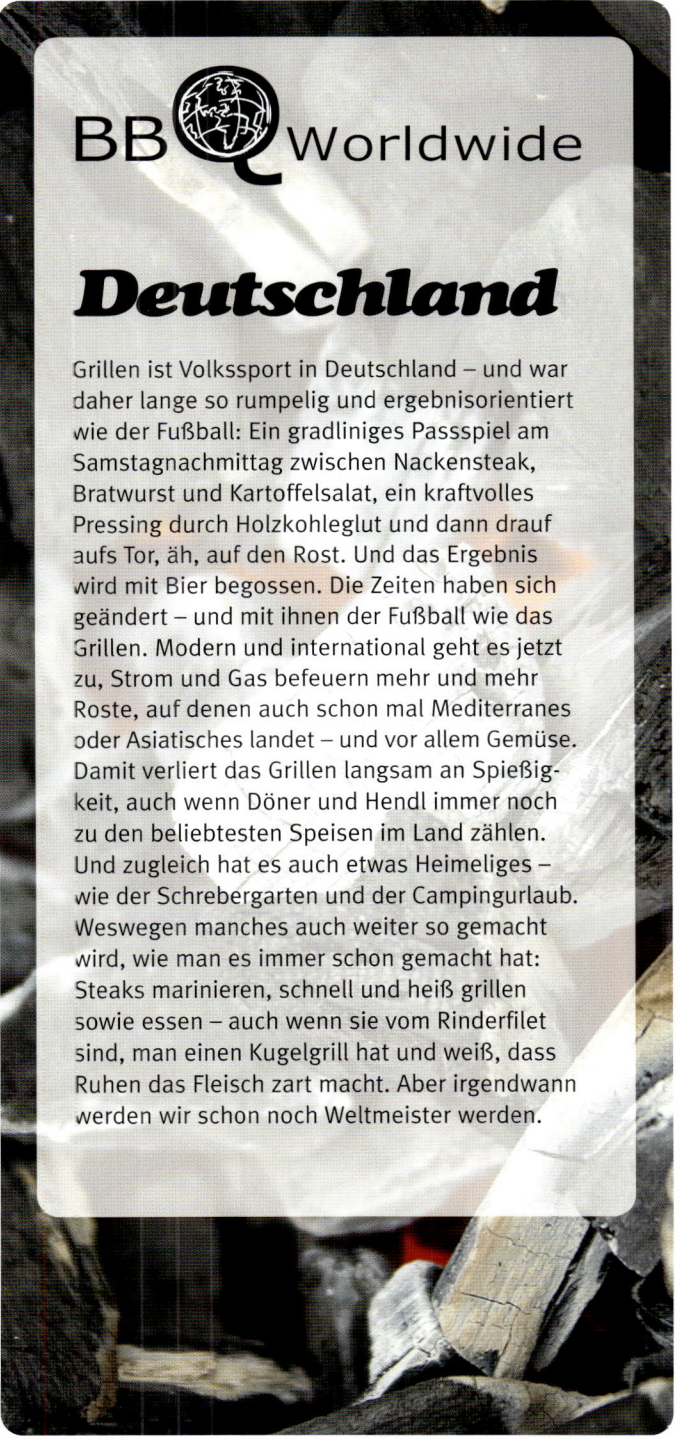

BBQ Worldwide

Deutschland

Grillen ist Volkssport in Deutschland – und war daher lange so rumpelig und ergebnisorientiert wie der Fußball: Ein gradliniges Passspiel am Samstagnachmittag zwischen Nackensteak, Bratwurst und Kartoffelsalat, ein kraftvolles Pressing durch Holzkohleglut und dann drauf aufs Tor, äh, auf den Rost. Und das Ergebnis wird mit Bier begossen. Die Zeiten haben sich geändert – und mit ihnen der Fußball wie das Grillen. Modern und international geht es jetzt zu, Strom und Gas befeuern mehr und mehr Roste, auf denen auch schon mal Mediterranes oder Asiatisches landet – und vor allem Gemüse. Damit verliert das Grillen langsam an Spießigkeit, auch wenn Döner und Hendl immer noch zu den beliebtesten Speisen im Land zählen. Und zugleich hat es auch etwas Heimeliges – wie der Schrebergarten und der Campingurlaub. Weswegen manches auch weiter so gemacht wird, wie man es immer schon gemacht hat: Steaks marinieren, schnell und heiß grillen sowie essen – auch wenn sie vom Rinderfilet sind, man einen Kugelgrill hat und weiß, dass Ruhen das Fleisch zart macht. Aber irgendwann werden wir schon noch Weltmeister werden.

Glut-Menschen Cater-Griller

„Wir grillen? Ja super!", rufen sie und meinen damit: superlativ. Sofort werden die Quellen für die größten Steaks angezapft, ach, nehmen wir doch gleich einen ganzen Rinderrücken. Kartoffeln werden in Säcken geordert und die Salate in Wäschewannen zubereitet. „Ein bisschen Fisch" heißt für sie „ein ganzer Lachs", und der Cousin muss eben mal seinen Campingbus leer machen, damit die ganze Holzkohle vom Baumarkt hergekarrt werden kann. Wer Hilfe beim Grillen braucht, bekommt vom Cater-Griller mehr als genug. Das ist gut, wenn's im großen Stil sein soll; wenn der Rahmen aber eher privat ist, empfiehlt es sich, diesen gut meinenden Glut-Menschen eine kontrollierte Spezialaufgabe zu geben – etwa die vorbestellten (!) Sachen beim Metzger abzuholen, wobei man da nicht zu knapp kalkulieren sollte, denn sonst „hab ich uns noch einen Pack Würste vom Discounter mitgebracht, haben auch fast nix gekostet, weil heute ihr Verfallsdatum ist."

Grillgemüse-Salat

Schmeckt nicht nur als Salat, sondern auch pur ... mit Tsatsiki und zu Fleisch und Fisch

Zutaten für 4 Personen:
1 Aubergine
2 Zucchini
je 1 rote und gelbe Paprikaschote
200 g große Champignons
8 Frühlingszwiebeln
2 Zweige Rosmarin
10 Salbeiblättchen
6 EL Olivenöl
Salz | Pfeffer
1 kleine Handvoll Rucola
6 Stängel Basilikum
2–3 EL frisch gepresster Zitronensaft
1 TL scharfer Senf
1/2 TL flüssiger Honig
1 kräftige Prise Chilipulver
1 EL kleine Kapern (wer mag)
Alugrillschale

Zubereitungszeit: 35 Minuten
Kalorien pro Portion: 205 kcal

1_Das Gemüse waschen. Die Aubergine und die Zucchini von den Enden befreien und in gut 1 cm dicke Scheiben schneiden. Paprika durch den Stiel halbieren, Stiel und weiße Trennwände herauszupfen. Die Schotenhälften noch mal waschen und die Kerne abspülen. Schoten in 2 cm breite Streifen schneiden. Die Champignons mit feuchtem Küchenpapier sauber abreiben, Stielenden abschneiden. Von den Frühlingszwiebeln Wurzelbüschel und welke Teile abschneiden, Zwiebeln waschen. Alles in eine Schüssel geben.

2_Den Rosmarin und Salbei abbrausen und trocken schütteln. Rosmarinblättchen abzupfen und mit dem Salbei fein hacken. Mit 2 EL Olivenöl, Salz und Pfeffer unter das Gemüse mischen.

3_Den Rucola abbrausen und trocken schütteln, Basilikumblättchen abzupfen, beides grob hacken. Zitronensaft mit dem Senf, dem Honig, Salz und Chilipulver in einer großen Salatschüssel verrühren. Das restliche Öl cremig unterschlagen. Basilikum, Rucola und eventuell Kapern untermischen.

4_Gemüse in der Alugrillschale verteilen und bei starker Hitze so lange grillen, bis es weich und schön braun ist. Das dauert um die 10 Minuten. Zwischendurch das Gemüse wenden. Das heiße Grillgemüse zu der Sauce in die Schüssel geben. Vor dem Servieren gut durchmischen, vielleicht noch ein bisschen nachsalzen und am besten lauwarm schmecken lassen. Zum Beispiel mit Lammkoteletts (Seite 48) oder einem ganzen Fisch (Seite 86/87).

Maiskolben mit Koriander- butter

Einfach abknabbern!

Zutaten für 4 Personen:
4 Maiskolben (mit Blättern)
1 TL Koriandersamen
1/2 Bund Koriandergrün
1/2 Bio-Limette oder Bio-Zitrone
100 g weiche Butter
Salz | Pfeffer
Küchengarn zum Verschließen
Öl für den Rost

Zubereitungszeit: 50 Minuten
+ 30 Minuten Wässern
Kalorien pro Portion: 415 kcal

1_Die Maiskolben mit den Blättern für 30 Minuten in eine Schüssel mit kaltem Wasser legen. So saugen die Blätter Feuchtigkeit auf und können später auf dem Grill nicht so leicht verbrennen.

2_Die Koriandersamen in einer Pfanne ohne Fett bei mittlerer Hitze rösten, bis sie fein duften. In den Mörser geben und fein zerstoßen. Koriandergrün abbrausen und trocken schütteln, die Blättchen abzupfen und fein schneiden. Limette oder Zitrone heiß waschen und abtrocknen, die Schale fein abreiben. Koriandersamen und -grün sowie die Zitrusschale mit einer Gabel unter die Butter mengen, mit Salz und Pfeffer gut würzen.

3_Die Maiskolben abtropfen lassen. Die einzelnen Blätter nacheinander vorsichtig aufbiegen. Die feinen Maishärchen von den Kolben abziehen. Die Maiskolben rundherum mit der würzigen Butter einpinseln und die Blätter wieder in ihre Ausgangslage zurückbiegen. Die Blätter am oberen Ende leicht zusammendrehen und mit Küchengarn verschnüren.

4_Den Rost einölen. Die Maiskolben auf den Rost legen und bei mittlerer Hitze etwa 25 Minuten grillen, bis die Blätter gut gebräunt sind. Dabei die Maiskolben immer mal wieder umdrehen.

TIPP

Wer keine Maiskolben mit Blättern bekommt, kann sie auch ohne grillen. Dann die Kolben erst pur 10–15 Minuten vorgrillen und dann während der letzten 10 Minuten ab und zu mit der würzigen Butter einpinseln. Gibt man die Butter von Anfang an drauf, verbrennen die Maiskolben leicht.

Frühlings-
zwiebeln in
Speck

Knackig und würzig

Zutaten für 4 Personen:
8 Frühlingszwiebeln (mit sattem Grün)
1 Bund Rucola
16 dünne Scheiben Bacon oder durchwachsener Räucherspeck
Pfeffer
Öl für den Rost

Zubereitungszeit: 25 Minuten
Kalorien pro Portion: 260 kcal

1_Die Frühlingszwiebeln von den Wurzel-
büscheln und den welken grünen Teilen
befreien, waschen. Den Rucola verlesen
und alle dicken Stiele abknipsen, Rucola
waschen und trocken schleudern.

2_Jede Frühlingszwiebel mit ein wenig
Rucola garnieren und jeweils 2 Bacon-
oder Räucherspeckscheiben wie einen
Mantel spiralförmig um die Zwiebel
wickeln. Leicht pfeffern.

3_Den Rost einölen. Frühlingszwiebeln
auf den Rost legen und bei mittlerer Hitze
etwa 10 Minuten grillen, bis der Bacon
oder Räucherspeck knusprig ist und die
Zwiebeln knackig bissfest sind, dabei einmal umdrehen. Die Zwiebeln schmecken
zu Steaks und Koteletts oder zusammen
mit anderem Gemüse vom Grill.

VARIANTE: Grüne Spargel-
stangen in Speck
Statt den Frühlingszwiebeln 8 Stangen
grünen Spargel waschen und die holzigen
Enden abschneiden. Den Spargel wie be-
schrieben mir Rucola garnieren, in den
Speck wickeln und etwa 8 Minuten grillen.

VARIANTE: Lauch vom Grill
4 dicke Stangen Lauch von den Wurzel-
büscheln und welken oberen Teilen befreien und waschen. Lauchstangen auf
den Rost legen und 35–40 Minuten bei
mittlerer Hitze grillen, bis die äußere
Schicht dunkel wird und das Innere weich
ist. Die dunkle Schicht ablösen und das
Innere mit Salz, Pfeffer und etwas Olivenöl würzen und schmecken lassen.

Tomaten
auf Rucola

Einfach gut!

Zutaten für 4 Personen:
2 große Bund Rucola
8 Tomaten
5 EL Olivenöl (+ Öl für den Rost)
1 TL Puderzucker
Salz | Pfeffer
1 EL Aceto balsamico
100 g Parmesan (am Stück)

Zubereitungszeit: 20 Minuten
Kalorien pro Portion: 240 kcal

1_Den Rucola verlesen und alle dicken
Stiele abknipsen, Rucola waschen und
trocken schleudern. Eine Platte oder vier
Teller damit auslegen.

2_Die Tomaten waschen und die Stielansätze wie einen Keil herausschneiden. Die
Tomaten quer halbieren. 2 EL Olivenöl mit
dem Puderzucker verrühren, die Schnittflächen der Tomaten damit einpinseln,
salzen und pfeffern.

3_Den Balsamico mit Salz, Pfeffer und dem restlichen Öl cremig verrühren.

4_Den Rost einölen. Die Tomaten mit den Schnittflächen nach unten auf den Rost legen und bei starker Hitze 8–10 Minuten grillen, bis sie appetitlich braun sind.

5_Die Tomaten mit den Schnittflächen nach oben auf den Rucola setzen. Die Sauce über Tomaten und Rucola träufeln. Den Parmesan mit einem Gurkenhobel oder Sparschäler in dünnen Spänen über die Tomaten hobeln. Gleich servieren.

Kürbis mit Ingwer und Zitrone

Auch abgekühlt ein Genuss!

Zutaten für 4 Personen:
1 kleiner Hokkaido-Kürbis (etwa 850 g)
7 EL Olivenöl (+ Öl für der Rost)
Salz | Pfeffer
1 große Bio-Zitrone
1 Stück Ingwer (etwa 3 cm)
1 kleines Bund Basilikum

Zubereitungszeit: 35 Minuten
Kalorien pro Portion: 205 kcal

1_Den Kürbis waschen und vierteln. Die Kerne aus der Mitte mitsamt dem faserigen Fleisch mit einem Löffel aus den Stücken schaben. Die Viertel in etwa 1 cm dicke Scheiben schneiden. In einer Schüssel mit 2 EL Öl, Salz und Pfeffer gut mischen.

2_Zitrone heiß waschen und abtrocknen, die Schale fein abreiben, den Saft auspressen. Den Ingwer schälen, dann erst in dünne Scheiben, anschließend in feine Streifen schneiden. Die Basilikumblättchen abzupfen und fein schneiden.

3_Den Zitronensaft mit Salz, Pfeffer und dem übrigen Öl mit einer Gabel cremig verschlagen. Zitronenschale, Ingwer und Basilikum unterrühren.

4_Den Rost einölen. Die Kürbisscheiben auf den Rost legen und bei mittlerer Hitze 12–15 Minuten grillen, bis sie schön braun und weich sind, dabei ab und zu wenden.

5_Die Kürbisscheiben auf einen großen Teller oder eine Platte legen, das Ingwer-Zitronen-Dressing darüber verteilen. Den Kürbis gleich servieren oder auch erst abkühlen lassen. Der Kürbis schmeckt sehr gut zu gegrilltem Schwein oder Huhn, er passt aber auch zu anderen Gemüsen vom Grill.

Ratatouille im Päckchen

Noch besser als das Original!

Zutaten für 4 Personen:
1 kleine Aubergine │ 250 g Zucchini
1 gelbe Paprikaschote
250 g Kirschtomaten
1 rote oder weiße Zwiebel
4 Knoblauchzehen
2 Zweige Rosmarin
1 Stängel Salbei │ 1/4 Bund Thymian
Salz │ Pfeffer
4 EL Olivenöl
4 Bögen extrastarke Alufolie
(etwa 30 x 30 cm)

Zubereitungszeit: 25 Minuten
+ 30 Minuten Grillen
Kalorien pro Portion: 140 kcal

1_Das Gemüse waschen. Die Aubergine und die Zucchini von den Enden befreien. Paprika durch den Stiel halbieren, Stiel und weiße Trennwände herauszupfen. Die Schotenhälften noch mal waschen und die Kerne abspülen. Aubergine, Zucchini und Paprika in kleine Würfel schneiden, die Tomaten halbieren.

2_Die Zwiebel schälen, vierteln und in dünne Streifen schneiden. Den Knoblauch schälen und in dünne Scheiben schneiden. Kräuter abbrausen und trocken schütteln, die Blättchen abzupfen, Salbei in feine Streifen schneiden.

3_Das Gemüse in einer Schüssel mit der Zwiebel, dem Knoblauch und den Kräutern mischen und mit Salz und Pfeffer würzen. Die Alufolie mit den glänzenden Seiten nach oben auf die Arbeitsfläche legen. Das Gemüse darauf verteilen und jeweils mit 1 EL Olivenöl beträufeln. Die Päckchen gut verschließen.

4_Die Päckchen auf den Rost setzen und bei mittlerer Hitze etwa 30 Minuten grillen. Das Gemüse ist dann gut durchgezogen und an der Unterseite leicht braun. Wer es knackiger lieber mag, nimmt die Päckchen schon 5–10 Minuten früher vom Grill. Das Gemüse schmeckt zu Lamm oder Huhn, aber auch zu dem marinierten Halloumi (siehe rechts) und zu den Focaccie vom Grill (Seite 34).

Halloumi-Gemüse-Spieße

Abwechslung für Vegetarier – und alle anderen auch

Zutaten für 4 Personen:
300 g Halloumi-Käse
200 g Kirschtomaten
8 Frühlingszwiebeln
4 Feigen
16 Salbeiblättchen
Salz │ Pfeffer
1 EL frisch gepresster Zitronensaft
1 TL flüssiger Honig
2 EL Olivenöl (+ Öl für den Rost)
12 lange Holz- oder Metallspieße

Zubereitungszeit: 30 Minuten
Kalorien pro Portion: 330 kcal

1_Den Halloumi in knapp 2 cm große Würfel schneiden. Tomaten waschen und ganz lassen. Von den Frühlingszwiebeln die Wurzelbüschel und die welken oberen Teile abschneiden. Die Zwiebeln waschen und in etwa 2 cm lange Stücke schneiden. Die Feigen waschen und vom Stielansatz befreien. Die Feigen vierteln. Den Salbei abbrausen und trocken tupfen.

2_Den Halloumi, die Tomaten, die Feigen und die Zwiebelstücke abwechselnd auf die Spieße stecken. Dabei zwischendurch immer mal wieder ein Salbeiblatt mit aufspießen. Die Spieße mit Salz und Pfeffer würzen. Den Zitronensaft mit dem Honig und dem Olivenöl verrühren und leicht salzen und pfeffern.

3_Den Rost einölen. Die Spieße mit dem gewürzten Öl einpinseln, auf den Rost legen und bei starker Hitze 8–10 Minuten grillen, dabei öfter umdrehen.

TIPP
Der Halloumi lässt sich auch mit anderem Gemüse auf dem Spieß kombinieren: statt mit Tomaten und Zwiebeln mal mit Pilzen oder Zucchini versuchen. Und falls keine Feigen zu bekommen sind: Pfirsiche, Erdbeere und Melone sind ebenfalls sehr gut!

Marinierter Halloumi

Gut vorzubereiten und schnell gegrillt

Zutaten für 4 Personen:
1/4 Bund Thymian
1/2 Bio-Zitrone
2 rote Chilischoten
je 1 TL Koriander- und Fenchelsamen
4 EL Olivenöl (+ Öl für der Rost)
1 TL flüssiger Honig
500 g Halloumi-Käse

Zubereitungszeit: 15 Minuten
+ 2 Stunden Marinieren
Kalorien pro Portion: 500 kcal

1_Den Thymian abbrausen und trocken schütteln, die Blättchen abstreifen. Die Zitrone heiß waschen und abtrocknen, ein etwa 4 cm langes Stück Schale hauchfein (ohne das Weiße) abschneiden und in Streifen schneiden. Zitrone auspressen. Chilischoten waschen und die Stiele entfernen. Die Chilis mit den Kernen in feine Ringe schneiden. Koriander- und Fenchelsamen im Mörser leicht andrücken.

2_Thymian, Zitronenschale und -saft, die Chilis und die Gewürze mit dem Olivenöl und dem Honig verrühren. Salz braucht die Marinade nicht, davon hat der Käse genug. Halloumi in knapp 1 cm dicke Scheiben schneiden und gleichmäßig mit der Marinade begießen. Den Käse abgedeckt etwa 2 Stunden ziehen lassen.

3_Dann den Rost einölen. Die Halloumischeiben auf den Rost legen und bei starker Hitze auf jeder Seite knapp 2 Minuten grillen, bis sie schön gebräunt sind. Der Käse schmeckt pur mit Gemüse vom Grill oder mit einem Salat.

TIPP
Wer mag, schält 1–2 dicke rote Zwiebeln und schneidet sie in 1 cm dicke Scheiben. Die Zwiebelscheiben gut mit Olivenöl einpinseln und mit Salz und Pfeffer würzen. Etwa 10 Minuten vor dem Käse auf den Grillrost legen und auf jeder Seite etwa 5 Minuten grillen. Zusammen mit dem marinierten Halloumi servieren.

Auberginen-röllchen am Spieß

Schmeckt solo oder zu Fleisch und Geflügel

Zutaten für 4 Personen:
1 große oder 2 kleine Auberginen
(etwa 500 g) │ Salz
1 großes Bund glatte Petersilie
1 kleine Handvoll Rucola
4 Frühlingszwiebeln
2 Knoblauchzehen │ 2 EL Pinienkerne
2 EL entsteinte grüne Oliven
150 g Schafskäse (Feta) oder
Blauschimmelkäse
4 EL Olivenöl (+ Öl für den Rost)
Pfeffer
8 lange Holz- oder Metallspieße

Zubereitungszeit: 45 Minuten
Kalorien pro Portion: 245 kcal

1_Die Aubergine(n) waschen, die Enden abschneiden. Die Aubergine(n) längs in etwa 1/2 cm dicke Scheiben schneiden. Die Scheiben mit Salz bestreuen und mindestens 10 Minuten stehen lassen. Sie werden dadurch etwas geschmeidiger.

2_Inzwischen die Petersilie abbrausen und trocken schütteln, die Blättchen abzupfen. Vom Rucola alle welken Blätter aussortieren und dicke Stiele abknipsen. Den Rucola waschen, trocken schütteln und mit der Petersilie fein hacken. Von den Frühlingszwiebeln die Wurzelbüschel und die welken grünen Teile abschneiden. Die Zwiebeln waschen und in feine Ringe schneiden. Den Knoblauch schälen und durchpressen.

3_Pinienkerne in einer trockenen Pfanne ohne Fett unter Rühren goldgelb rösten, dann mittelfein hacken. Die Oliven ebenfalls hacken. Den Käse fein zerkrümeln oder in kleine Stücke schneiden, dann in einer Schüssel mit der Gabel zerdrücken. Kräuter, Zwiebeln, Knoblauch, Oliven und Pinienkerne mit dem Öl dazugeben und alles gründlich mischen. Mit Pfeffer und eventuell wenig Salz abschmecken.

4_Auberginenscheiben trocken tupfen, dünn mit der Käsemasse bestreichen und von der Schmalseite her aufrollen. Auf die Spieße stecken. Den Rost sehr gut einölen. Spieße auf den Rost legen und bei mittlerer Hitze etwa 10 Minuten grillen, bis sie schön braun sind. Dabei immer wieder wenden.

Pilzspieße mit Räuchertofu

Unbedingt probieren!

Zutaten für 4 Personen:
400 g Egerlinge oder Champignons
200 g kleine Zucchini
400 g Räuchertofu
8 Zweige Thymian
3 EL frisch gepresster Zitronensaft
1 TL scharfer Senf │ 5 EL Olivenöl
Salz │ Pfeffer
1 Stück Honigmelone (etwa 500 g)
2 rote Chilischoten
1 kleines Bund Basilikum
1 Prise Zucker
12 lange Holz- oder Metallspieße

Zubereitungszeit: 50 Minuten
Kalorien pro Portion: 285 kcal

1_Die Pilze mit feuchtem Küchenpapier sauber abreiben, Stielenden abschneiden. Die Zucchini waschen und die Enden abschneiden. Die Zucchini und den Tofu in etwa pilzgroße Stücke schneiden.

2_Den Thymian abbrausen und trocken schütteln, die Blättchen abstreifen und mit 1 1/2 EL Zitronensaft, Senf, 3 EL Öl,

Salz und Pfeffer verrühren. Die Pilze, die Zucchini und den Tofu in einer Schüssel damit gut vermischen.

3_Die Melone von den Kernen befreien, schälen und so fein wie möglich hacken. Die Chilischoten waschen und die Stiele abschneiden. Die Schoten mit den Kernen fein hacken. Die Basilikumblättchen abzupfen und fein schneiden. Melone, Chilis und Basilikum mit übrigem Zitronensaft und Öl, Salz und Zucker gut verrühren.

4_Pilze, Zucchini und Tofu abwechselnd auf die Spieße stecken. Spieße auf den Rost legen und in 12–15 Minuten schön braun grillen. Dabei etwa alle 3 Minuten drehen und auf allen vier Seiten rösten. Mit der Chilimelone auf den Tisch stellen.

VARIANTE: Tempehspieße mit Ananas

400 g Tempeh (aus dem Bioladen) 2 cm groß würfeln. Mit 300 g Ananasfleisch in kleinen Stücken und 200 g Kirschtomaten auf Spieße stecken und mit Öl einpinseln. Salzen, pfeffern und auf dem geölten Rost etwa 8 Minuten grillen, dabei ab und zu wenden. Mit Chilimelone oder Tomaten-Paprika-Salsa (Seite 122) servieren.

Auberginen-Kichererbsen-Pflanzerl

Nicht nur was für Veggies

Zutaten für 4 Personen:
1 kleine Aubergine (etwa 300 g)
Salz
4 Frühlingszwiebeln
2 Knoblauchzehen
1/2 Bund glatte Petersilie
1 EL entsteinte grüne Oliven
1/2 Bio-Zitrone
1 Dose Kichererbsen (240 g Abtropfgewicht)
1 Ei (M) | 2 EL Semmelbrösel
1 TL Tomatenmark
Pfeffer | Chilipulver (nach Geschmack)
Öl für den Rost

Zubereitungszeit: 45 Minuten
Kalorien pro Portion: 85 kcal

1_Die Aubergine mit dem Sparschäler schälen und das Fruchtfleisch in ganz kleine Würfel schneiden. Salzwasser zum Kochen bringen und darin die Auberginenwürfel 2–3 Minuten kochen. Dann in ein Sieb abgießen und abtropfen lassen.

2_Inzwischen von den Frühlingszwiebeln die Wurzelbüschel und die welken grünen Teile abschneiden. Die Zwiebeln waschen und in dünne Ringe schneiden. Knoblauch schälen und durchpressen. Die Petersilie abbrausen und trocken schütteln, Blättchen abzupfen und fein hacken. Oliven möglichst klein schneiden. Die Zitrone heiß waschen und abtrocknen, die Schale fein abreiben.

3_Die Kichererbsen in einem Sieb gut abbrausen, abtropfen lassen und dann in einem Mixer grob pürieren. Die Auberginenwürfel auspressen und mit Zwiebeln, Knoblauch, Petersilie, Oliven, Ei, Zitronenschale, Semmelbröseln und Tomatenmark zu den Kichererbsen geben. Alles gut vermischen und mit Salz, Pfeffer und dem Chilipulver abschmecken.

4_Die Kichererbsenmasse in acht gleich große Portionen teilen. Mit leicht angefeuchteten Händen zu Küchlein (also Pflanzerl) formen.

5_Den Rost sehr gut einölen. Die Pflanzerl auf den Rost legen und bei mittlerer Hitze auf jeder Seite 7–8 Minuten grillen.

Honigzwiebeln aus der Folie

Schmecken auf geröstetem Brot und zu Fisch, Fleisch und Geflügel

Zutaten für 4 Personen:
8 frische rote oder weiße Zwiebeln (eventuell mit dem Grün wie bei Frühlingszwiebeln)
4 Zweige Rosmarin
2 getrocknete Chilischoten (wer mag)
2 EL flüssiger Honig
3 EL frisch gepresster Zitronensaft
1 EL Olivenöl
Salz | Pfeffer
4 Bögen extrastarke Alufolie (etwa 30 x 30 cm)

Zubereitungszeit: 10 Minuten
+ 25 Minuten Grillen
Kalorien pro Portion: 80 kcal

1_Zwiebeln waschen und den Wurzelansatz abschneiden. Falls die äußere Zwiebelschicht nicht schön ist, ablösen. Zwiebeln halbieren. Die Rosmarinzweige abbrausen, trocken schütteln und jeweils halbieren. Wer mag: Die Chilischoten in einem Mörser zerstoßen.

2_Alufolienbögen auf der Arbeitsfläche ausbreiten – mit der glänzenden Seite nach oben. Die Zwiebeln darauf verteilen und mit Rosmarin und eventuell Chili bestreuen. Die Folie leicht nach oben biegen.

3_Den Honig mit dem Zitronensaft, dem Olivenöl, Salz und Pfeffer verrühren und über den Zwiebeln verteilen. Die Alufolie zu Päckchen schließen und die Enden gut zusammenfalten. Die Päckchen auf den Rost setzen und die Zwiebeln bei mittlerer Hitze 20–25 Minuten grillen, bis sie weich und leicht braun sind.

Gefüllte Folien-kartoffeln

Mit mediterranem Innenleben

Zutaten für 4 Personen:
8 neue Kartoffeln (jede etwa 100 g)
8 in Öl eingelegte getrocknete Tomaten
4 Knoblauchzehen
4 Zweige Rosmarin
8 Scheiben Pecorino (je 1/2 cm dick)
2 EL Olivenöl
grobkörniges Salz
8 Bögen extrastarke Alufolie
(etwa 30 x 30 cm)

Zubereitungszeit: 50 Minuten
Kalorien pro Portion: 525 kcal

1_Die Kartoffeln unter fließendem Wasser gründlich sauber bürsten. Die Kartoffeln der Länge nach halbieren.

2_Tomaten in dünne Streifen schneiden. Den Knoblauch schälen und in ganz feine Scheiben teilen. Den Rosmarin abbrausen und trocken schütteln, die Blättchen abzupfen und mittelgrob hacken. Den Käse in Größe der Kartoffeln zuschneiden.

3_Alufolienbögen auf der Arbeitsfläche ausbreiten – mit der glänzenden Seite nach oben. Das Olivenöl darauf verteilen und mit Salz bestreuen. Die unteren Kartoffelhälften leicht salzen, mit Knoblauch, Tomaten, Rosmarin und je 1 Käsescheibe belegen. Die oberen Kartoffelhälften auflegen, die Kartoffeln in die Folienstücke wickeln. Die Päckchen auf den Rost legen und die Kartoffeln bei mittlerer Hitze in etwa 30 Minuten weich grillen, dabei die Päckchen ab und zu umdrehen.

Tomaten-Käse-Päckchen

Ganz unkompliziert und auch mit Camembert oder Ziegenkäse ein Gedicht

Zutaten für 4 Personen:
400 g Schafskäse (Feta)
4 Stängel Oregano
2 Zweige Thymian
2 Knoblauchzehen
1 EL entsteinte grüne Oliven
200 g (Kirsch-)Tomaten
Salz | Pfeffer
4 EL Olivenöl
4 Bögen extrastarke Alufolie
(etwa 30 x 30 cm)

Zubereitungszeit: 15 Minuten
+ 10 Minuten Grillen
Kalorien pro Portion: 320 kcal

1_Alufolienbögen auf der Arbeitsfläche ausbreiten – mit der glänzenden Seite nach oben. Käse in vier Stücke schneiden oder grob würfeln und darauf verteilen.

2_Die Kräuter abbrausen und trocken schütteln, Blättchen abzupfen. Den Knoblauch schälen und mit den Kräutern und den Oliven sehr fein hacken. Die Tomaten waschen und in dünne Scheiben schneiden (Kirschtomaten halbieren), dabei die Stielansätze entfernen.

3_Die Kräutermischung auf den Käse streuen und mit den Tomaten bedecken. Die Tomaten mit Salz und Pfeffer würzen. Die Folie leicht nach oben biegen. Je 1 EL Olivenöl über Käse und Tomaten löffeln. Die Alufolie zu Päckchen schließen und die Enden gut zusammenfalten.

4_Die Päckchen auf den Rost setzen und bei starker Hitze etwa 10 Minuten grillen.

Polentaschnitten mit Käse

Ungewöhnlich, aber richtig gut

Zutaten für 4 Personen:
200 g Polenta (Maisgrieß)
Salz
2 Zweige Rosmarin
2 Knoblauchzehen
4 in Öl eingelegte getrocknete Tomaten
150 g Fontina oder Taleggio
Pfeffer
Öl für den Rost

Zubereitungszeit: 50 Minuten
+ mindestens 2 Stunden Auskühlen
Kalorien pro Portion: 285 kcal

1_Für die Polenta 3/4 l Wasser mit 1 TL Salz zum Kochen bringen. Den Maisgrieß unter Rühren in das Wasser rieseln lassen und dann bei geringer Hitze zugedeckt etwa 20 Minuten garen.

2_Den Topf vom Herd ziehen, den Deckel abnehmen und die Polenta lauwarm abkühlen lassen. Inzwischen den Rosmarin abbrausen und trocken schütteln, die Blättchen abzupfen und fein hacken. Den Knoblauch schälen und in dünne Scheiben schneiden. Die Tomaten in kleine Würfel schneiden. Den Käse von der Rinde befreien und ebenfalls würfeln.

3_Rosmarin, Knoblauch, Tomaten und Käse locker unter die Polenta mischen, mit Salz und Pfeffer abschmecken. Die Polenta in eine längliche, höhere Form (gut sind eine Terrinen- oder Kastenform) füllen und glatt streichen. Die Polenta in mindestens 2 Stunden völlig auskühlen lassen (noch besser über Nacht).

4_Dann den Rost sehr gut einölen. Die Polenta aus der Form stürzen und in gut 1 cm dicke Scheiben schneiden. Die Polentaschnitten auf den Rost legen und bei starker Hitze auf jeder Seite 3–4 Minuten grillen, bis sie schön braun sind. Mit dem Pfannenwender umdrehen, damit die Scheiben nicht brechen.

TIPPs

Ein bisschen Käse läuft beim Grillen aus den Polentaschnitten heraus und tropft in die Glut. Wer das nicht mag, grillt die Scheiben in einer Alugrillschale. Polentaschnitten schmecken als Beilage zu Steaks oder Würstchen, sie sind aber auch fürs vegetarische Grillen ideal. Dann dazu verschiedene Gemüse – etwa grünen Spargel, Pilze und Zucchini – mit auf den Rost legen. Die Schnitten und das Gemüse am besten zusammen mit einer Sauce auf den Tisch stellen. Gut passen: Tex-Mex-Tomato (Seite 125, statt mit Koriander mit Basilikum zubereiten) oder Paprikajoghurt (Seite 120). Außerdem sehr fein dazu: ein Salat und knuspriges Weißbrot.

Basic-TIPPs

Der Maisgrieß für Polenta hat so viel Kleber, dass er auch ohne weitere Bindemittel sehr gut zusammenhält. Der Käse und die anderen Zutaten sorgen also nur für Geschmack und können nach Belieben ersetzt werden: etwa durch andere Käsesorten, Oliven oder Kapern statt Tomaten, Frühlingszwiebelringe, Chili und vieles mehr.
Wer Instant-Polenta statt normalem Maisgrieß verwendet, muss nur etwa 5 Minuten Garzeit einplanen. Bei der Wassermenge dann bitte nach der Packungsaufschrift richten.

Gefüllte Zucchini

Schmecken auch kalt 1 a

Zutaten für 4 Personen:
1 Scheibe altbackenes Weißbrot
(etwa 40 g)
4 Zucchini (je etwa 200 g)
1 große Bio-Zitrone
1/2 Bund gemischte Kräuter (oder
selber mischen: Minze, Oregano, Thymian, Borretsch und glatte Petersilie)
2 Knoblauchzehen
2 Frühlingszwiebeln
100 g frisch geriebener Bergkäse
1 EL Ricotta, Quark oder Frischkäse
Salz │ Pfeffer
1/2 TL rosenscharfes Paprikapulver
Öl für den Rost

Zubereitungszeit: 45 Minuten
Kalorien pro Portion: 165 kcal

1_Brot in einer Schüssel mit lauwarmem
Wasser bedecken, weich werden lassen.
Die Zucchini waschen und die Enden abschneiden. Zucchini längs halbieren und
das Innere mit einem Löffel so aushöhlen,
dass ein 1 cm breiter Rand stehen bleibt.

2_Etwa 2 EL vom ausgehöhlten Zucchinifleisch sehr fein schneiden. Zitrone heiß
waschen, abtrocknen und die Schale fein
dazureiben. Die Kräuter abbrausen und
trocken schütteln, die Blättchen abzupfen
und fein hacken. Den Knoblauch schälen
und durchpressen. Von den Frühlingszwiebeln die Wurzelbüschel und welken
Teile abschneiden. Die Zwiebeln waschen
und in feine Ringe schneiden.

3_Das Brot ausdrücken und zerkrümeln,
mit Kräutern, Knoblauch, Zwiebeln, Bergkäse und Ricotta, Quark oder Frischkäse
zum gehackten Zucchinifleisch geben und
gründlich vermengen. Mit Salz, Pfeffer
und Paprika würzen. Die Mischung in die
Zucchinihälften füllen.

4_Den Rost gut einölen. Gefüllte Zucchini
auf den Rost legen und bei mittlerer Hitze
etwa 15 Minuten grillen, bis sie unten
braun sind, und der Käse in der Füllung
geschmolzen ist. Diese wird durch das
Heißwerden ebenfalls ganz leicht braun.

Gefüllte Kartoffeln

Am besten mit anderem
Gemüse essen

Zutaten für 4 Personen:
8 vorwiegend festkochende Kartoffeln
(je etwa 125 g)
1 Tomate
1 kleine rote oder weiße Zwiebel
1/2 Bund Koriandergrün oder
1/4 Bund Thymian
150 g gemischtes Hackfleisch
4 EL frisch geriebener Emmentaler
Salz │ Pfeffer
je 1/2 TL rosenscharfes Paprikapulver, gemahlener Koriander und
Kreuzkümmel
Öl für den Rost

Zubereitungszeit: 50 Minuten
Kalorien pro Portion: 250 kcal

1_Die Kartoffeln unter fließendem Wasser
gründlich sauber bürsten. In kochendem
Wasser etwa 15 Minuten vorgaren, dann
abgießen und ausdampfen lassen.

2_Die Tomate waschen oder häuten und sehr klein würfeln, dabei den Stielansatz wegschneiden. Die Zwiebel schälen und fein würfeln. Das Koriandergrün oder den Thymian abbrausen und trocken schütteln, die Blättchen abzupfen (Koriander hacken).

3_Die Kartoffeln der Länge nach halbieren. Kartoffelhälften mit einem kleinen Löffel so weit aushöhlen, dass rundherum ein 1 cm breiter Rand stehen bleibt. Etwa die Hälfte des ausgehöhlten Kartoffelfleisches mit einer Gabel zerdrücken und mit dem Hackfleisch, Tomate, Zwiebel und Koriandergrün oder Thymian mischen. Den Emmentaler dazugeben und alles mit Salz, Pfeffer und den Gewürzen abschmecken. In die Kartoffelhälften füllen.

4_Den Rost gut einölen. Die Kartoffelhälften auf den Rost setzen und bei mittlerer Hitze etwa 20 Minuten grillen, bis die Füllung durch ist und die Kartoffeln schön braun sind.

Gefüllte Tomaten
Solo oder als Beilage gut

Zutaten für 4 Personen:
75 g Couscous
8 Tomaten (je etwa 100 g)
2 eingelegte milde Peperoni
1/2 Bund glatte Petersilie
4 Sardellenfilets in Öl
1 Kugel Mozzarella (125 g)
2 EL frisch geriebener Parmesan
1 EL Olivenöl (+ Öl für den Rost)
Salz | Pfeffer

Zubereitungszeit: 50 Minuten
Kalorien pro Portion: 225 kcal

1_Den Couscous in eine Schüssel füllen und mit heißem Wasser überbrühen. Etwa 20 Minuten stehen und quellen lassen.

2_Inzwischen die Tomaten waschen. Im oberen Drittel einen Deckel abschneiden, sodass sich die Tomaten gut aushöhlen lassen. Das Innere samt der Kerne mit einem Löffel aus den Tomaten schaben und etwa 2 EL davon fein hacken.

3_Die Peperoni in dünne Ringe schneiden. Petersilie abbrausen und trocken schütteln, die Blättchen abzupfen und fein hacken. Sardellenfilets fein schneiden, Mozzarella klein würfeln. All diese Zutaten mit den gehackten Tomaten, dem Parmesan und dem Olivenöl unter den Couscous (eventuell vorher abtropfen lassen) rühren und mit Salz und Pfeffer abschmecken.

4_Die ausgehöhlten Tomaten salzen und pfeffern und mit der Couscousmischung füllen. Den Rost einölen. Tomaten auf den Rost setzen und bei mittlerer Hitze etwa 20 Minuten grillen. Nach 10 Minuten die Tomatendeckel auf der Schnittfläche mit Salz und Pfeffer würzen und mit auf den Rost legen. Vor dem Servieren die Deckel auf die Füllung legen.

TIPP
Wer keine Sardellen mag, lässt sie ganz einfach ersatzlos weg oder würfelt stattdessen 50 g gekochten Schinken und mischt ihn unter die Füllung.

Ananas „Sweet BBQ"

Wie am Karibikstrand

Zutaten für 4–6 Personen:
1 Ananas
4 EL brauner Zucker
1 Päckchen Vanillezucker
1 TL Pfeffer (am besten schwarz
und grob gemahlen)
150 g Mascarpone

Zubereitungszeit: 20 Minuten
Kalorien pro Portion (bei 6 Personen):
125 kcal

1_Die Ananas vom Schopf befreien und den Stielansatz ebenfalls wegschneiden. Die Frucht der Länge nach halbieren und den Strunk in der Mitte herausschneiden.

2_Die Ananashälften samt Schale quer in je 8 fingerdicke Scheiben schneiden. Den Zucker, den Vanillezucker und den Pfeffer auf einem tiefen Teller vermischen. Den Mascarpone in einer kleinen Schüssel schön glatt verrühren.

3_Die Ananasscheiben in der Zuckermischung wenden, auf den Rost legen und bei mittlerer Hitze 1–2 Minuten grillen, wenden und noch mal so lange grillen. Mit Mascarpone zum Dippen servieren – gehalten werden die Scheiben dabei an der Schale.

TIPP

Sie können die Ananas auch „am Stiel" grillen. Dann wird die Schale von den Scheiben entfernt und die Ananas auf Grillspieße gesteckt. Oder die geschälte Ananas in große Stücke schneiden und abwechselnd mit anderen Früchten auf die Spieße stecken, etwa mit gelben oder grünen Honig- oder Netzmelonen.

Grillbananen mit Schokolade

Süßes in der Schale

Zutaten für 4 Personen:
4 Bananen
2 EL Butter
100 g Lieblingsschokolade
4 Kugeln Vanilleeis
4 Bögen extrastarke Alufolie
(etwa 30 x 30 cm)

Zubereitungszeit: 10 Minuten
+ 10 Minuten Grillen
Kalorien pro Portion: 475 kcal

1_Die Bananen ungeschält der Länge nach einschneiden, sodass das Fruchtfleisch nahezu halbiert, die Unterseite der Schale jedoch nicht verletzt wird. Die Butter in einem kleinen Topf schmelzen.

2_Alufolienbögen auf der Arbeitsfläche ausbreiten – mit der glänzenden Seite nach oben, die Bananen darauflegen. Die Schokolade in Stücke brechen und zwischen die Bananenhälften stecken, die Butter darüberträufeln.

3_Die Alufolie zu Päckchen schließen und die Enden gut zusammenfalten. Die Päckchen auf den Rost setzen und die Bananen bei mittlerer Hitze etwa 10 Minuten grillen. Dann die Bananen behutsam aus der Folie holen und gleich servieren – am besten mit Vanilleeis.

TIPP

Die Bananen für dieses Rezept sollten nicht zu reif sein, also noch keine braune Stellen haben und fest im Fleisch sein. Sind sie nicht stark gebogen, lassen sie sich besonders leicht füllen. Keine Sorge, wenn sie nach dem Grillen ganz dunkel sind – das ist ganz normal.

VARIANTEN

Legen Sie die Banane einfach ungeöffnet auf den Rost des Grills und garen Sie sie etwa 6 Minuten auf der einen und dann noch 4 Minuten auf der anderen Seite. Schlichter geht's kaum.
Oder geben Sie nur die Butter und je 1 TL Zucker in die aufgeschlitzten Früchte.

Obstspieße mit Ingwerbutter

Schön süß, leicht scharf

Zutaten für 4 Personen:
Für die Obstspieße:
1 Mango | 1 Papaya
2 Nektarinen
2 süßsaure Äpfel (z. B. Braeburn)
1 Limette | 1 Bio-Orange
8–12 lange Holz- oder Metallspieße
Für die Ingwerbutter:
100 g Butter
40 g Ingwerstückchen (in Sirup eingelegt, aus dem Glas)
1 EL Ingwersirup (vom eingelegten Ingwer)
1/2 TL gemahlener Ingwer

Zubereitungszeit: 45 Minuten
+ 10 Minuten Marinieren
Kalorien pro Portion: 345 kcal

1_Die Mango schälen und das Fruchtfleisch vom Kern schneiden. Die Papaya halbieren, von den Kernen befreien und schälen. Die Nektarinen waschen und entsteinen. Sämtliche vorbereitete Früchte in mundgerechte Stücke schneiden.

2_Die Äpfel waschen, vierteln und entkernen. Apfelviertel in Spalten schneiden. Limette auspressen und die Apfelspalten mit dem Saft vermischen. Die Orange heiß waschen und abtrocknen, vierteln und die Viertel nochmals quer teilen.

3_Das ganze Obst abwechselnd auf die Spieße stecken, dabei jeweils an beiden Enden ein Stück Orange platzieren.

4_Butter in einem kleinen Topf schmelzen. Die Ingwerstückchen fein hacken und mit dem Sirup und dem Ingwerpulver zu der Butter geben, gut verrühren. Die Spieße mit etwas Ingwerbutter einpinseln und etwa 10 Minuten durchziehen lassen.

5_Die Obstspieße auf den Rost legen und bei mittlerer Hitze 4–5 Minuten grillen, dabei öfters wenden und mit der übrigen Ingwerbutter bestreichen. Beim Genießen die Spieße mit dem Saft der gegrillten Orange beträufeln.

Extras

Holzkohleduft und Bierflaschengeklingel, Garnelenknackerei und Kotelett-brutzeln – Grillen hat viele magische Momente. Und einer der magischsten ist der, wenn ich mit meinem Steak an den Tisch voller Extras komme: Ah, Tsatsiki und Kräuterbutter! Oh, Feigen-Balsamico-Salsa und Ananasketchup! Mmmh..., Avocado-Limetten-Creme und Tex-Mex-Mayo. Und guck mal, die haben hier Bohnensalat – mit Knoblauch und Ingwer. Und scharfen Gurken-Melonen-Salat. Mag jemand mein Steak?

Extras

Unser liebstes Aroma:
Der Joghurt

Was würden wir ohne Joghurt
beim Grillen machen? Keinen
Tsatsiki und kein Tandoori-Huhn.
Das gesäuerte Milchprodukt verleiht Gegrilltem Spritzigkeit und
Leichtigkeit, und es macht Fleisch
und Geflügel zart und mürbe.
Ein Schälchen purer Joghurt be-
streut mit ein wenig Curry und
beträufelt mit Olivenöl ist der
perfekte Dip zu allem Orientalischen vom Grill. Und wenn man
einen Becher fetten griechischen
Joghurt hat, braucht es nur noch
ein paar Zitronenspalten und
fertig ist die Begleitung zu gegrillten würzigen Fleischspießen
und Meeresfrüchten. Und wenn's
mal all zu scharf wird auf der
Zunge, macht es wie die Inder
– kühlt sie mit Joghurt.

Wie wär's mal mit ...
... *Indoor-Grillen?*

Wenn der BBQ-Sommer einem fehlt und Wintergrillen (Seite 46)
wegen Schneesturm ausfallen muss, dann ist Grillen mit Strom vielleicht doch eine ganz gute Idee. Das kann im Ofen passieren oder
auch auf dem Herd (mehr dazu auf Seite 11). Nein, wir meinen damit
nicht, dass jetzt ein Grillrost auf die Gasflammen oder das Ceranfeld
gewuchtet werden soll, sondern es geht um einen richtigen Elektrogrill. Irgendjemand findet sich immer, der so etwas hat, und der
kann sich jetzt endlich mal echt gut fühlen. Denn bei einer idealen
Beleuchtung und Musik hat es fast was von Grillfest, wenn der Gastgeber an dem Gerät steht und die Steaks und Spieße verteilt. Da er
das wegen der Rostgröße und Grillkraft nur begrenzt tun
kann, sollten am besten die Nebensachen wie
Dips, Drinks und Desserts bei diesem
Fest die Hauptrolle spielen. Ob man
dann nicht gleich den Grill raclette-
artig für alle auf den Esstisch stellen
oder gleich einen heißen Stein ...
Stopp! Wir wollen es nicht übertreiben
mit der Toleranz, liebe Grillfans.

Grill & Drink
Beeren-Buttermilch-Bowle

Fleisch? „Bier!" Wirklich? „O.k., dann wenigstens
Wein?" Nein. „Echt? Was denn dann?" Milch. „Äh,
... oha." Und zwar Buttermilch. „Na gut, neugierig
gemacht. Jetzt erzählt schon!"

Für 2 l Bowle je 150 g Erdbeeren, Brom-
beeren und rote Johannisbeeren waschen
und putzen. Von 8 Stängeln Basilikum die
Blättchen abzupfen und in feine Streifen
schneiden. Diese mit 50 g Zucker und den Beeren
vermischen und 30 Minuten ziehen lassen. Dann mit
1 l Buttermilch verrühren und 1 Stunde kühlen. Vor dem
Servieren noch 1 Flasche kaltes Sprudelwasser (700 ml)
dazugießen, einmal durchrühren, fertig. „Wow."

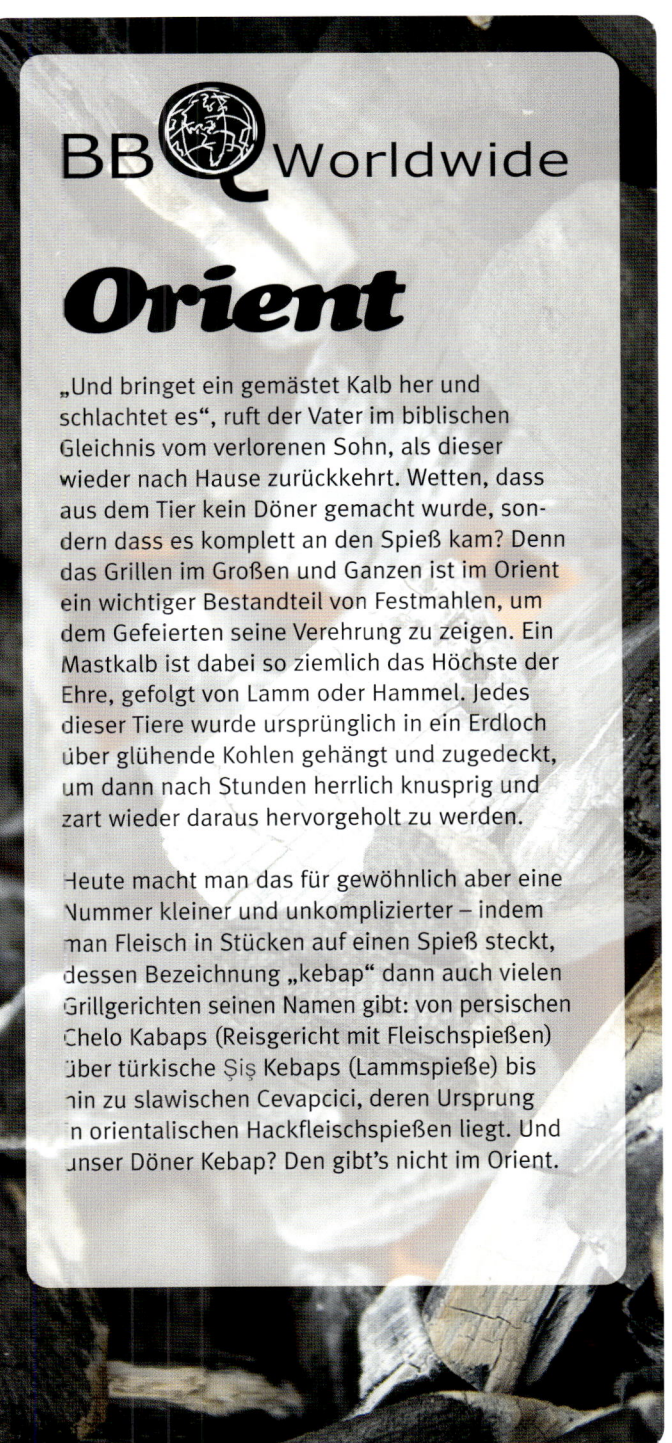

BBQ Worldwide

Orient

„Und bringet ein gemästet Kalb her und schlachtet es", ruft der Vater im biblischen Gleichnis vom verlorenen Sohn, als dieser wieder nach Hause zurückkehrt. Wetten, dass aus dem Tier kein Döner gemacht wurde, sondern dass es komplett an den Spieß kam? Denn das Grillen im Großen und Ganzen ist im Orient ein wichtiger Bestandteil von Festmahlen, um dem Gefeierten seine Verehrung zu zeigen. Ein Mastkalb ist dabei so ziemlich das Höchste der Ehre, gefolgt von Lamm oder Hammel. Jedes dieser Tiere wurde ursprünglich in ein Erdloch über glühende Kohlen gehängt und zugedeckt, um dann nach Stunden herrlich knusprig und zart wieder daraus hervorgeholt zu werden.

Heute macht man das für gewöhnlich aber eine Nummer kleiner und unkomplizierter – indem man Fleisch in Stücken auf einen Spieß steckt, dessen Bezeichnung „kebap" dann auch vielen Grillgerichten seinen Namen gibt: von persischen Chelo Kabaps (Reisgericht mit Fleischspießen) über türkische Şiş Kebaps (Lammspieße) bis hin zu slawischen Cevapcici, deren Ursprung in orientalischen Hackfleischspießen liegt. Und unser Döner Kebap? Den gibt's nicht im Orient.

Glut-Menschen
Nebenrollen-Oscars

Sie sind mit die angenehmsten Gäste, wenn man zum Grillen lädt. Fragen gleich, ob sie etwas mitbringen sollen und meinen das nicht nur so, sondern machen's dann auch, und zwar gut. Ihr Nudelsalat ist legendär, ihre Saté-Sauce vom Kochkurs in Indonesien ebenso und der Nektarinen-Schmand-Kuchen, den sie letztens in einer Zeitschrift entdeckt haben, wird es bestimmt noch werden. Und wenn nichts mitzubringen ist, kommen sie einfach ein bisschen früher und helfen beim Aufbauen oder stellen sich später hinter die Cocktailbar, denn Mixen können sie ebenfalls gar nicht schlecht. Hören wollen sie das alles nicht so gerne, und reden mögen sie eigentlich auch nicht so viel, weswegen man sich schon ein wenig Sorgen um sie macht bei all den Alphawölfen, die bei einem Grillfest so umherstreichen. Aber die stellen sie dann ganz fix ruhig mit einem Teller voll Entenfleischspieße, die sie extra zur Beruhigung in Ananassaft eingelegt haben (Rezept Seite 72).

Tsatsiki

Klassiker mit Kultstatus

Zutaten für 4 Personen:
1 Salatgurke
Salz
5 Stängel Minze
2 Stängel glatte Petersilie
500 g Naturjoghurt (am besten den cremigen vollfetten griechischen Joghurt, eventuell sogar aus Schafsmilch)
2 TL Olivenöl
2 Knoblauchzehen (wer mag)
1 TL frisch gepresster Zitronensaft
Pfeffer

Zubereitungszeit: 20 Minuten
Kalorien pro Portion: 180 kcal

1_Die Gurke schälen oder waschen, die Enden abschneiden und die Gurke der Länge nach halbieren. Die Kerne aus der Mitte mit einem Teelöffel herauskratzen. Die Hälften grob raspeln und mit 1 gehäuften TL Salz mischen. Die Gurken 10 Minuten Wasser ziehen lassen.

2_Inzwischen die Kräuter abbrausen und trocken schütteln, die Blättchen von den Stängeln zupfen und fein hacken.

3_Das Wasser, das sich bei den Gurkenraspeln in der Schüssel gesammelt hat, abgießen. Gurkenraspel mit den Kräutern, dem Joghurt und dem Olivenöl verrühren. Eventuell noch den Knoblauch schälen und dazupressen. Mit Zitronensaft, Pfeffer und vielleicht noch ein bisschen Salz abschmecken. Das Tsatsiki schmeckt zu Schwein und Lamm, aber auch zu Huhn. Und es passt sehr gut zu Gemüse wie Auberginen und Zucchini.

VARIANTE: Gurken-Raita
Gurke schälen, entkernen und in sehr kleine Würfel schneiden. 1 grüne Chilischote waschen, vom Stiel befreien und samt den Kernen ganz fein hacken. Die Blättchen von 1/2 Bund Minze ebenfalls hacken. 1 TL gemahlenen Kreuzkümmel in 1 TL Öl anrösten, bis er fein duftet. Alles mit 300 g Naturjoghurt mischen und mit Salz abschmecken.

Paprikajoghurt

In mild oder scharf zu haben

Zutaten für 4 Personen:
150 g geröstete rote Paprikaschoten (selbst gegrillt wie auf Seite 100 beschrieben oder aus dem Glas)
8 Stängel Zitronenmelisse
500 g Naturjoghurt
2 TL Olivenöl
1 TL edelsüßes oder rosenscharfes Paprikapulver
1 TL gemahlener Koriander
Salz | Pfeffer

Zubereitungszeit: 10 Minuten
Kalorien pro Portion: 115 kcal

1_Die Paprikaschoten in kleine Würfel schneiden. Die Melisse abbrausen und trocken schütteln, die Blättchen abzupfen und fein hacken.

2_Den Joghurt mit Öl, Paprikapulver und Koriander verrühren. Paprikawürfel und Melisse untermischen, mit Salz und Pfeffer abschmecken. Der Paprikajoghurt passt zu Fleisch, Geflügel und würzigen Fischsorten, aber auch zu Räuchertofu oder Gemüse sehr gut.

Frischkäse-creme

Von Ziege oder Kuh

Zutaten für 4 Personen:
3 in Öl eingelegte getrocknete Tomaten
1 große, frische Tomate
3 Frühlingszwiebeln | 1/2 Bund Dill
150 g (Ziegen-)Frischkäse
100 g fester Naturjoghurt
3 TL frisch gepresster Zitronensaft
1 EL Olivenöl | Salz | Pfeffer

Zubereitungszeit: 15 Minuten
Kalorien pro Portion: 160 kcal

1_Getrocknete Tomaten fein schneiden.
Frische Tomate waschen und klein würfeln,
den Stielansatz dabei entfernen. Die Frühlingszwiebeln waschen, putzen und samt
knackigem Grün in feine Ringe schneiden.
Den Dill abbrausen und trocken schütteln,
dicke Stiele abknipsen, Rest fein schneiden.

2_Den Frischkäse mit Joghurt, Zitronensaft und dem Öl glatt verrühren. Tomaten,
Zwiebeln und Dill untermischen und die
Creme mit Salz und Pfeffer würzen. Am
besten zu Gemüse, Fisch oder Röstbrot
servieren.

Balsamico-Feigen-Salsa

Fruchtig und feinsäuerlich

Zutaten für 4 Personen:
2 getrocknete Feigen (ersatzweise
4 getrocknete Aprikosen)
2 EL Aceto balsamico
1 TL Honigsenf oder scharfer Senf
Salz | Pfeffer
4 frische Feigen
1 Tomate
4 Stängel Basilikum
4 EL Olivenöl

Zubereitungszeit: 10 Minuten
+ 1 Stunde Marinieren
Kalorien pro Portion: 135 kcal

1_Die getrockneten Feigen in sehr kleine
Würfel schneiden. Den Balsamico mit dem
Senf, Salz und Pfeffer verrühren und mit
den Feigenwürfeln mischen. Abgedeckt
etwa 1 Stunde ziehen lassen.

2_Dann frische Feigen und die Tomate
waschen. Stiele der Feigen abschneiden,
aus der Tomate den Stielansatz herausschneiden. Die Feigen und die Tomate
ganz fein schneiden.

3_Die Basilikumblättchen abzupfen und
fein schneiden. Mit dem Öl, den frischen
Feigen und der Tomate unter die getrockneten Feigen mischen. Mit Salz und Pfeffer
abschmecken. Die Salsa passt sehr gut zu
Ente und Huhn, aber auch zu Halloumi.

TIPP

Sehr fein schmeckt diese Salsa statt mit
Feigen auch mit einer Mischung aus 4 ge-
trockneten und 200 g frischen Aprikosen.
Statt normalem Balsamico dann weißen
Balsamico nehmen, das Basilikum durch
Minze ersetzen und die Salsa zusätzlich
mit 1 Prise Chilipulver würzen.

Schnelle Rhabarber-salsa

Einfach sagenhaft gut!

Zutaten für 4 Personen:
300 g Rhabarber
1 Stück Ingwer (2–3 cm)
1 Knoblauchzehe
1 rote Chilischote
50 g Zucker
75 ml Rhabarbersaft (ersatzweise Wasser)
Salz

Zubereitungszeit: 25 Minuten
Kalorien pro Portion: 65 kcal

1_Rhabarber waschen und die Enden abschneiden. Wenn sich dabei Fäden lösen,
diese einfach abziehen. Den Rhabarber in
dünne Scheiben schneiden. Den Ingwer
und Knoblauch schälen und fein hacken.
Die Chilischote waschen und den Stiel abschneiden. Die Schote samt den Kernen
ganz fein schneiden.

2_Den Rhabarber mit Ingwer, Knoblauch,
Chili, Zucker und Rhabarbersaft in einem
Topf mischen und zum Kochen bringen.
Das Ganze salzen und offen bei starker
bis mittlerer Hitze 8–10 Minuten kochen
lassen, bis der Rhabarber wie Mus wird.
Dabei häufig durchrühren, damit nichts
anbrennt.

3_Die Salsa mit Salz abschmecken und
in ein Schälchen füllen, abkühlen lassen.
Sie passt besonders gut zu Schweinefleisch, Huhn und Lamm, aber auch zu
aromatischen Fischen wie Makrele.

TIPP
Wer möchte, kann gleich eine größere
Menge kochen und den Rest der Salsa
sofort nach dem Kochen in gründlich ge-
säuberte Gläser mit Schraubdeckel füllen.
So hält sich die Rhabarbersalsa mindestens 3 Monate. Nach dem Öffnen dann
im Kühlschrank lagern.

Tomaten-Paprika-Salsa

Blitzsauce mit viel Aroma

Zutaten für 4 Personen:
200 g Tomaten
100 g geröstete rote Paprikaschoten
(selbst gegrillt wie auf Seite 100
beschrieben oder aus dem Glas)
1/4 Bund glatte Petersilie
1/2 rote Chilischote (wenn Kinder
mitessen: einfach weglassen)
2 TL Kapern (am besten in
Salz eingelegte)
2 EL Olivenöl
Salz

Zubereitungszeit: 10 Minuten
Kalorien pro Portion: 60 kcal

1_Die Tomaten waschen und in grobe
Würfel schneiden, dabei die Stielansätze
entfernen. Die Paprika grob schneiden.
Die Petersilie abbrausen und trocken
schütteln, die Blättchen abzupfen und
grob hacken. Das Chilistück waschen und
samt den Kernen grob zerkleinern. Kapern
kurz abbrausen und abtropfen lassen.

2_Die Tomaten mit Paprika, Petersilie, Chili, Kapern und dem Olivenöl im Mixer zu einer cremigen Sauce zerkleinern. Mit Salz abschmecken. Die Sauce passt zu Fleisch und Fisch, aber auch zu Räuchertofu oder Halloumi sehr gut.

VARIANTE: Scharfe Tomaten-Honig-Sauce

400 g Tomaten mit kochend heißem Wasser überbrühen, kurz ziehen lassen und dann abschrecken. Tomaten häuten und in kleine Würfel schneiden, dabei die Stielansätze wegschneiden. 2 rote Chilischoten waschen, vom Stiel befreien und samt den Kernen fein schneiden. Tomaten und Chili in einem Topf erhitzen und offen bei mittlerer Hitze etwa 10 Minuten vor sich hin köcheln lassen. 1 EL Honig unterrühren, salzen und die Sauce abkühlen lassen. Vor dem Servieren nach Belieben noch etwas fein geschnittenes Basilikum oder gehackten Rucola untermischen.

Ananas-ketchup

Gut kombiniert

Zutaten für 4 Personen:
250 g frische Ananas oder 150 g Ananasstücke (aus der Dose, möglichst wenig oder nicht gezuckert)
2 TL grüne Pfefferkörner (am besten frisch, z.B. aus dem Asienladen, sonst aus dem Glas)
200 g Ketchup
1 TL frisch gepresster Zitronensaft
Salz

Zubereitungszeit: 10 Minuten
Kalorien pro Portion: 80 kcal

1_Die frische Ananas schälen und den harten Strunk aus der Mitte abschneiden. Die braunen Stellen im Fruchtfleisch mit der Messerspitze herausbohren. Ananas in kleine Würfel schneiden. Oder Dosenananas abtropfen lassen und die Stücke ebenfalls fein schneiden. Pfefferkörner abbrausen und mittelgrob hacken.

2_Den Ketchup mit den Ananaswürfeln und dem Pfeffer verrühren und mit dem Zitronensaft und Salz abschmecken. Der Ketchup schmeckt zu Hackküchlein und Bratwürstchen, aber auch zu Schweinesteaks und Tofu.

VARIANTE: Koriander-Mango-Ketchup

1/2 Mango schälen und falls nötig das Fruchtfleisch vom Stein abschneiden. Die Mango in kleine Würfel schneiden. 1 Bio-Limette heiß waschen und abtrocknen, die Schale fein abreiben, die Hälfte des Safts auspressen. 1/2 Bund Koriandergrün abbrausen und trocken schütteln, die Blättchen abzupfen und fein hacken. Mango und Limettenschale mit Koriandergrün unter 200 g Ketchup rühren und mit Salz, 1/2 TL gemahlenem Koriander und dem Limettensaft nach Geschmack abschmecken. Der Ketchup passt zu Fisch und Geflügel besonders gut.

Tex-Mex-Mayo

Ganz einfach und immer gut

Zutaten für 4 Personen:
2–4 milde oder scharfe Peperoni
(bzw. Pfefferschoten, möglichst schön
fleischig)
1 Bio-Limette
1/4 Bund Koriandergrün
100 g Mayonnaise
100 g feste saure Sahne
Salz
Öl für den Rost

Zubereitungszeit: 20 Minuten
Kalorien pro Portion: 210 kcal

1_Den Rost gut einölen. Die Peperoni
waschen, abtrocknen und auf den Rost
legen. Die Schoten bei starker Hitze
grillen, bis sie schrumpelig und leicht
braun werden. Das dauert ungefähr
10 Minuten. Dann abkühlen lassen.

2_Inzwischen die Limette heiß waschen
und abtrocknen, die Schale fein abreiben
und die Hälfte des Safts auspressen. Das
Koriandergrün abbrausen und trocken
schütteln, nur die ganz dicken Stiele abknipsen, den Rest fein hacken.

3_Die Peperoni von den Stielen befreien
und fein hacken. (Wer die Mayo nicht ganz
so scharf mag, hackt einfach die Kerne der
Peperoni nicht mit.) Die Mayonnaise mit
der sauren Sahne verrühren. Limettenschale und -saft mit dem Koriander und
den Peperoni untermischen. Die Mayo mit
Salz abschmecken. Sie passt am besten
zu Fisch und Hühnchen, aber auch zu
Gemüse wie Zucchini und Lauch sowie
zu Pilzen.

Tex-Mex-Tomato

Frisches für heiße Tage

Zutaten für 4 Personen:
500 g Tomaten
1–2 rote Zwiebeln (je nach Größe
und Liebe zu rohen Zwiebeln)
4 Knoblauchzehen
1–2 rote Chilischoten (je nachdem,
wie scharf man essen will)
1/2 Bund Koriandergrün
2 EL frisch gepresster Limettensaft
2 EL Olivenöl
Salz
1 Prise Zucker

Zubereitungszeit: 15 Minuten
Kalorien pro Portion: 75 kcal

1_Tomaten waschen und die Stielansätze herausschneiden. Tomaten in sehr kleine Würfel schneiden (mit dem Blitzhacker geht es besonders gut!).

2_Zwiebeln und Knoblauch schälen und sehr fein würfeln. Chilischoten waschen und die Stiele abschneiden. Die Schoten samt den Kernen ganz fein schneiden. Den Koriander abbrausen und trocken schütteln, die Blättchen abzupfen und fein hacken.

3_Den Limettensaft mit dem Öl cremig schlagen. Mit Tomaten, Zwiebeln, Knoblauch, Chili und Koriander verrühren und mit Salz und Zucker abschmecken. Die scharf-frische Tomatensauce passt ganz besonders gut zu Rindersteaks und Lammkoteletts, schmeckt aber auch zu Huhn und zu Fisch wie Lachs oder Makrele.

TIPPs
Schöne dicke Peperoni bzw. Pfefferschoten frisch vom Grill schmecken auch pur als Beilage zu Fleisch und Fisch sehr gut. Die Schoten dafür vor dem Rösten mit Olivenöl einpinseln und dann mit mittelgrobem Salz bestreuen.
Beide Schotensorten sind nur in sehr gut sortierten Lebensmittelgeschäften und auf großen Gemüsemärkten zu haben. Wer sie nicht kriegt, kann sich die Mayo aber trotzdem schmecken lassen: eingelegte Peperoni aus dem Glas nehmen.

VARIANTE: Asia-Mayo
Statt Peperoni, Limette und Koriander 1 Stück Ingwer (etwa 3 cm) schälen und mit dem knackigen Grün von 2 Frühlingszwiebeln und 1 Stück Zitronengras (2 cm) sehr fein hacken. Mit 1/2–1 TL Wasabipaste unter die Mayo-Sahne-Mischung rühren. Mit Salz abschmecken.

Rettichquark mit Senf

Bayrisch angehaucht

Zutaten für 4 Personen:
1 kleiner weißer oder roter Rettich
Salz
1 Bund Schnittlauch
500 g Quark oder Topfen
1 EL süßer Senf
2 TL scharfer Senf
1 EL Öl
1/2 EL Apfelessig oder Zitronensaft
Pfeffer
1 Prise gemahlener Kümmel

Zubereitungszeit: 20 Minuten
Kalorien pro Portion: 235 kcal

1_Den Rettich schälen und fein raspeln. Mit 1 TL Salz mischen, etwa 10 Minuten stehen und Wasser ziehen lassen.

2_Inzwischen den Schnittlauch abbrausen und trocken schütteln, in feine Röllchen schneiden. Den Rettich abtropfen lassen und etwas ausdrücken.

3_Den Quark oder Topfen mit den beiden Senfsorten, dem Öl und dem Essig oder Zitronensaft glatt verrühren. Rettich und Schnittlauch untermischen, mit Pfeffer, Kümmel und eventuell noch ein bisschen Salz abschmecken. Der Rettichquark passt perfekt zu allem mit Hackfleisch wie etwa Cevapcici oder gefüllten Küchlein, aber auch zu Schweinefleisch und Würstchen.

TIPP

Den Rettich kann man auch durch Radieschen ersetzen. Sie liefern nicht nur einen leicht scharfen Geschmack, sondern auch Farbe. Ebenfalls gut und angenehm mild: feine Gurkenraspel oder gegrillte Paprikaschoten in dünnen Streifen.

Kräuter-Oliven-Creme

Aromatisch und frisch

Zutaten für 4 Personen:
1 Bund gemischte Kräuter (z. B. für grüne Sauce: glatte Petersilie, Dill, Kerbel, Sauerampfer, Estragon und Zitronenmelisse)
2 Knoblauchzehen (wer mag)
100 g entsteinte grüne Oliven
2 in Öl eingelegte getrocknete Tomaten
1 EL Kapern
400 g saure Sahne
1 EL Balsamico bianco oder
milder Apfelessig
Salz │ Pfeffer
1 TL edelsüßes Paprikapulver

Zubereitungszeit: 15 Minuten
Kalorien pro Portion: 170 kcal

1_Die Kräuter abbrausen und trocken schütteln, grobe Stiele abknipsen, die kleinen feinen kann man mithacken. Nach Belieben den Knoblauch schälen und mit den Kräutern sehr fein hacken. Oder nur die Kräuter ganz fein schneiden.

2_Die Oliven, die Tomaten und die Kapern klein würfeln. Saure Sahne mit Balsamico oder Apfelessig verrühren. Alle vorbereiteten Zutaten untermischen und die Creme mit Salz, Pfeffer und Paprika abschmecken. Die Creme passt zu Fleisch und Geflügel (sehr gut: Fried chicken), aber auch zu gemischten Gemüsen – und zu gegrillten Zwiebeln wunderbar.

VARIANTE: Gurken-Dill-Creme

1 großes Bund Dill abbrausen und trocken schütteln, die Spitzen abzupfen und fein hacken. 100 g Gewürzgurken in kleine Würfel schneiden und mit dem Dill, 1 TL Honigsenf und nach Belieben 1 EL Kapern unter 400 g saure Sahne rühren. Mit 1/2–1 EL frisch gepresstem Zitronensaft und 1 TL Öl mischen und mit Salz und Pfeffer abschmecken.

Avocado-Limetten-Creme

Auch als Brotaufstrich und zum Dippen super

Zutaten für 4 Personen:
2 Bio-Limetten
2 vollreife Avocados
100 g saure Sahne oder
fester Naturjoghurt
1/2 Bund Basilikum
1 Tomate
2 Frühlingszwiebeln
Salz | Pfeffer
1/2 TL Chilipulver
1 TL Honig oder Ahornsirup

Zubereitungszeit: 20 Minuten
Kalorien pro Portion: 290 kcal

1_Die Limetten heiß waschen und abtrocknen, die Schale fein abreiben und 2–3 EL Saft auspressen.

2_Die Avocados rundherum bis zum Kern einschneiden. Die Hälften gegeneinanderdrehen und so voneinander lösen. Den Kern mit der Messerspitze anheben und entfernen. Das Avocadofleisch mit einem Löffel aus den Schalen schaben und mit einer Gabel fein zerdrücken. Dann sofort mit Limettenschale und -saft und saurer Sahne oder Joghurt verrühren, damit das Avocadofleisch nicht braun wird.

3_Die Basilikumblättchen abzupfen und fein hacken. Die Tomate waschen und klein würfeln, dabei den Stielansatz entfernen. Von den Frühlingszwiebeln die Wurzelbüschel und die welken oberen Teile abschneiden. Die Zwiebeln waschen und fein hacken.

4_Das Basilikum, die Tomate und die Zwiebeln unter die Avocadocreme rühren. Mit Salz, Pfeffer, Chilipulver und Honig oder Sirup leicht pikant abschmecken. Die Creme schmeckt super zu Hähnchen oder Pute, aber auch zu ganzen Fischen oder dem auf der Haut gegrillten Fischfilet von Seite 88 (ohne das Thai-Dressing).

Kräuterbutter

Ganz klassisch

Zutaten für 4–6 Personen:
1 Bund gemischte Kräuter (z. B. Petersilie, Kerbel, Schnittlauch, Estragon, Basilikum, Zitronenmelisse, Dill)
1 Schalotte
250 g weiche Butter
1/2 TL frisch gepresster Zitronensaft
1/2 TL Worcestersauce
Salz │ Pfeffer

Zubereitungszeit: 15 Minuten
+ 2 Stunden Kühlen
Kalorien pro Portion (bei 6 Personen):
320 kcal

1_Die Kräuter abbrausen und trocken schütteln, die Blättchen abzupfen und fein hacken. Die Schalotte schälen und in kleine Würfel schneiden.

2_Die Butter mit den Quirlen des Handrührgeräts cremig rühren. Die Kräuter mit Schalotte, Zitronensaft und Worcestersauce untermengen. Mit Salz und Pfeffer kräftig abschmecken. Die Kräuterbutter für etwa 2 Stunden in den Kühlschrank stellen. Dann am besten zu Fleisch oder Fisch servieren (siehe TIPP).

TIPP
Kräuterbutter schmeckt je nach gewählten Kräutern zu allen kräftig gegrillten Fleisch- und Fischarten. Eine klassische Kräutermischung – Petersilie, Schnittlauch, Kerbel, Estragon – passt vor allem zu Rindfleisch. Sauerampfer oder Dill ist sehr fein zu Fisch, und Basilikum mit einem Hauch Knoblauch optimal zu Lamm.

Schalotten-butter

Sehr französisch

Zutaten für 4–6 Personen:
4 Schalotten
250 g weiche Butter
1/8 l Rotwein
4 Stängel Estragon
2 TL körniger Senf
1/2 TL Rotweinessig
Salz │ Pfeffer

Zubereitungszeit: 25 Minuten
+ 2 Stunden Kühlen
Kalorien pro Portion (bei 6 Personen):
320 kcal

1_Schalotten schälen und klein würfeln. 2 EL Butter in einem Topf schmelzen und die Schalotten darin in 5 Minuten zugedeckt bei geringer Hitze glasig dünsten.

2_Schalotten mit dem Wein ablöschen und diesen bei starker Hitze im offenen Topf völlig einkochen lassen. Auskühlen lassen.

3_Den Estragon waschen und trocken schütteln, Blättchen abzupfen und fein hacken. Mit Schalotten, Senf und Essig zur restlichen Butter geben und gut vermischen. Mit Salz und Pfeffer kräftig abschmecken. Die Schalottenbutter für etwa 2 Stunden in den Kühlschrank stellen. Sie passt zu Entrecôtes und Lammkoteletts.

Krabben-butter

Leicht exotisch

Zutaten für 4–6 Personen:
250 g weiche Butter
1 EL Currypulver
100 g Krabben
1 Bund Schnittlauch
3–4 EL frisch gepresster Limettensaft
1/2 TL Sojasauce
Salz │ Cayennpfeffer

Zubereitungszeit: 20 Minuten
+ 2 Stunden Kühlen
Kalorien pro Portion (bei 6 Personen):
330 kcal

1_In einem kleinen Topf 2 EL Butter schmelzen. Curry unterrühren und die Butter einmal aufschäumen lassen. Den Topf vom Herd ziehen.

2_Die Krabben fein hacken. Schnittlauch abbrausen, trocken schütteln und in feine Röllchen schneiden.

3_Krabben und Schnittlauch mit Currybutter, Limettensaft und Sojasauce unter die übrige Butter mischen. Kräftig mit Salz und Cayennepfeffer abschmecken. Die Krabbenbutter für etwa 2 Stunden in den Kühlschrank stellen. Mit Fisch, Geflügel oder Gemüse auf den Tisch bringen.

Nudelsalat mit Koriander

Angenehm erfrischend

Zutaten für 4 Personen:
300 g kurze Nudeln (z.B. Casarecce,
Fusilli oder Penne)
Salz
1/2 Bund Koriandergrün
1 rote Zwiebel
500 g Tomaten
2 EL frisch gepresster Zitronensaft
2 EL Rapsöl
2 EL saure Sahne
1 EL Mayonnaise
Salz │ Pfeffer
Chilipulver (wer mag)

Zubereitungszeit: 20 Minuten
Kalorien pro Portion: 370 kcal

1_Für die Nudeln reichlich Wasser zum
Kochen bringen und salzen. Die Nudeln
im Salzwasser nach Packungsaufschrift
bissfest kochen, gut abschrecken und
abtropfen lassen.

2_Inzwischen den Koriander abbrausen
und trocken schütteln, die Blättchen abzupfen und fein hacken. Zwiebel schälen
und klein würfeln. Die Tomaten waschen
und die Stielansätze herausschneiden.
Die Tomaten in kleine Würfel schneiden.

3_Den Zitronensaft mit Öl, saurer Sahne
und der Mayonnaise verrühren und mit
den Nudeln, dem Koriander, der Zwiebel
und den Tomaten mischen. Den Salat mit
Salz, Pfeffer und eventuell auch ein bisschen Chilipulver abschmecken. Schmeckt
zu Fleisch und Geflügel jeder Art.

TIPPs

Statt mit Nudeln kann man diesen Salat
auch mit Reis oder Couscous zubereiten:
Reis nach Packungsaufschrift garen, abschrecken. Wie beschrieben mit den anderen Zutaten mischen. Zum Abschmecken
aber doppelt so viel Zitronensaft nehmen.
Oder den Couscous mit heißem Wasser
begießen und 30 Minuten quellen lassen.
Saure Sahne und Mayonnaise weglassen,
1 EL mehr Zitronensaft nehmen, das Rapsöl durch 4 EL Olivenöl ersetzen. Der Rest
bleibt gleich. Und: Ratz, fatz wird aus dem
asiatischen Salat ein mediterraner: den
Koriander durch Basilikum ersetzen.

Kartoffelsalat mit Senf

Schnell angemacht

Zutaten für 4 Personen:
1 kg festkochende Kartoffeln
1 großes Bund Radieschen
1 Bund Schnittlauch
250 g saure Sahne
2 TL scharfer Senf
1 TL süßer Senf
2 EL Weißweinessig
Salz │ Pfeffer
1 TL edelsüßes Paprikapulver

Zubereitungszeit: 15 Minuten
+ 30 Minuten Kochen
Kalorien pro Portion: 225 kcal

1_Die Kartoffeln unter fließendem Wasser
sauber bürsten, in einem Topf knapp mit
Wasser bedecken, zum Kochen bringen.
Kartoffeln zugedeckt bei mittlerer Hitze
in 20–30 Minuten gar kochen. Nicht zu
weich werden lassen. Dann die Kartoffeln
abgießen und ausdampfen lassen.

2_Die Radieschen waschen und von den Wurzeln und Blattansätzen befreien, in dünne Scheiben schneiden. Den Schnittlauch abbrausen, trocken schütteln und in Röllchen schneiden.

3_Die saure Sahne mit beiden Senfsorten, dem Essig, Salz, Pfeffer und Paprika verrühren. Kartoffeln schälen und in dünne Scheiben schneiden. Mit den Radieschen, dem Schnittlauch und der Senf-Sahne-Sauce verrühren und abschmecken. Passt zu Huhn, Schweinekoteletts, Würstchen.

VARIANTE: Kartoffel-Gemüse-Salat

600 g festkochende Kartoffeln ungeschält weich kochen, dann ausdampfen lassen, pellen und achteln. 250 g grüne Bohnen waschen, putzen und in Salzwasser in 10–12 Minuten bissfest kochen. Bohnen abschrecken, abtropfen lassen, halbieren. 150 g geröstete rote Paprikaschoten (selbst gegrillt wie auf Seite 100 beschrieben oder aus dem Glas) in Streifen schneiden. 150 g Kirschtomaten waschen, halbieren. 1 Zwiebel schälen, vierteln und in feine Streifen schneiden. Alles mischen und mit 2–3 EL frisch gepresstem Zitronensaft, 5 EL Olivenöl, Salz und Pfeffer abschmecken.

Tomatensalat mit Knusper-brot

Einfach und doch etwas ganz Besonderes

Zutaten für 4 Personen:
1 Bund Frühlingszwiebeln
4 Scheiben Toastbrot
500 g Tomaten
1 Handvoll Rucola
2 EL Aceto balsamico
1 TL flüssiger Honig
Salz | Pfeffer
5 EL Olivenöl (+ Öl für den Rost)

Zubereitungszeit: 25 Minuten
Kalorien pro Portion: 200 kcal

1_Von den Frühlingszwiebeln die Wurzelbüschel und die welken grünen Teile abschneiden. Die Zwiebeln waschen, längs vierteln. Das Toastbrot entrinden und in etwa 1 cm breite Streifen schneiden.

2_Die Tomaten waschen und würfeln oder in Spalten schneiden, dabei die Stielansätze entfernen. Vom Rucola alle welken Blätter aussortieren, die dicken Stiele abknipsen. Den Rucola gründlich waschen, trocken schütteln und kleiner zupfen.

3_Den Balsamico mit Honig, Salz und Pfeffer verrühren. Das Öl dazugeben und alles zu einer cremigen Sauce schlagen. Den Rost einölen. Die Zwiebelviertel und die Brotstreifen auf den Rost legen und bei starker Hitze etwa 4 Minuten grillen, ab und zu umdrehen.

4_Die Tomaten, den Rucola und die Sauce mit dem Brot und den Frühlingszwiebeln mischen und abschmecken. Den Tomatensalat am besten lauwarm auf den Tisch stellen. Dazu passen Schweinenackensteaks oder -koteletts, Lammkoteletts oder auch Sardinen sehr gut.

TIPP

Anstatt der Tomaten auch mal geröstete rote Paprikaschoten (selbst gegrillt wie auf Seite 100 beschrieben oder aus dem Glas) in dünnen Streifen nehmen, dann die Zwiebeln ungegrillt in dünne Ringe schneiden. Beides mit den restlichen Zutaten mischen.

Blattsalate mit Pfirsich

Sommerlich frisch

Zutaten für 4 Personen:
3 Pfirsiche
1 kleiner Romanasalat
1 Bund Rucola
1 Handvoll gemischte junge Salatblätter (falls die der Gemüsehändler
hat, sonst ein paar rote Salatblätter
nehmen, z.B. Burgundersalat)
2 Stängel Zitronenmelisse
1 Stängel Minze
1/2 Bund Schnittlauch
1 TL scharfer Senf
Salz │ Pfeffer
2 EL frisch gepresster Zitronensaft
5 EL Olivenöl

Zubereitungszeit: 20 Minuten
Kalorien pro Portion: 160 kcal

1_Wer die pelzige Haut der Pfirsiche nicht
mag, löst sie ab: Bei ganz reifen Pfirsichen
die Haut einfach mit dem Messer abziehen.
Sind die Früchte noch leicht hart, die Pfirsiche mit kochend heißem Wasser überbrühen, kurz ziehen lassen, abschrecken
und dann die Haut abziehen. Die Pfirsiche
halbieren, die Kerne herauslösen und die
Hälften in dünne Spalten schneiden.

2_Die Blätter des Romanasalats vom Strunk schneiden und in mundgerechte Stücke zupfen. Rucola verlesen und dicke Stiele abknipsen. Romana und Rucola mit den gemischten Salatblättern waschen und trocken schleudern. Die Kräuter abbrausen und trocken schütteln. Melisse- und Minzeblättchen abzupfen und in kleinere Stücke zupfen, Schnittlauch in Röllchen schneiden.

3_Für die Salatsauce den Senf mit Salz, Pfeffer und Zitronensaft verrühren. Das Öl nach und nach unterschlagen, bis eine cremige Sauce entstanden ist.

4_Salate, Kräuter und die Pfirsichspalten locker mit der Sauce mischen und den Salat abschmecken. Am besten möglichst bald essen. Passt eigentlich zu allem.

TIPP
Wenn Fleisch, Fisch & Co. auf dem Grill noch länger brauchen, Salate, Pfirsiche und Sauce besser getrennt auf den Tisch stellen und erst kurz vorm Essen mischen.

Melonen-Gurken-Salat
Erfrischend und chilischarf

Zutaten für 4 Personen:
1 kleine Salatgurke
1/2 Honigmelone
100 g Kirschtomaten
1 Handvoll Rucola oder junge Spinatblätter
1 rote oder grüne Chilischote
1 Bio-Limette
1 TL scharfer Senf
Salz
1 TL flüssiger Honig oder Ahornsirup
4 EL Rapsöl

Zubereitungszeit: 20 Minuten
Kalorien pro Portion: 170 kcal

1_Die Gurke schälen oder gut waschen, die Enden abschneiden. Die Gurke längs halbieren und die Kerne aus der Mitte mit einem Teelöffel herauskratzen. Gurkenhälften in dünne Scheiben schneiden.

2_Die Kerne samt dem faserigen Fruchtfleisch aus der Melonenhälfte löffeln. Die Melone in dicke Spalten schneiden und schälen. Die Spalten ebenfalls in dünne Scheiben schneiden.

3_Die Tomaten waschen und halbieren. Den Rucola oder Spinat verlesen und alle dicken Stiele abknipsen. Rucola oder Spinat waschen und trocken schütteln.

4_Die Chilischote waschen und vom Stiel befreien, die Schote samt den Kernen fein hacken. Die Limette heiß waschen und abtrocknen, die Schale fein abreiben, 2 EL Saft auspressen.

5_Limettensaft und -schale, Chili, Senf, Salz und Honig verrühren. Das Öl unterschlagen, bis eine cremige Sauce entstanden ist. Gurke, Melone, Tomaten und Rucola oder Spinat mit der Sauce mischen, den Salat abschmecken. Passt am besten zu zurückhaltend gewürzten Steaks und Koteletts vom Rind oder Schwein, aber auch zu Räuchertofu oder Tempeh.

Bohnensalat mit Knoblauch und Ingwer

Schön würzig und frisch

Zutaten für 4 Personen:
500 g grüne Bohnen
Salz
2 Knoblauchzehen
1 Stück Ingwer (etwa 4 cm)
1 Bund Frühlingszwiebeln
1 Bio-Zitrone
1/4 Bund Basilikum
1 TL scharfer Senf oder Honigsenf
4 EL Olivenöl
Pfeffer

Zubereitungszeit: 30 Minuten
Kalorien pro Portion: 145 kcal

1_Die Bohnen waschen und die Enden abschneiden. Wenn sich dabei an den Seiten Fäden lösen, gut abziehen. In einem Topf Wasser zum Kochen bringen und salzen. Die Bohnen darin bei halb aufgelegtem Deckel in 10–12 Minuten bissfest kochen. In ein Sieb abgießen, abschrecken und gut abtropfen lassen.

2_Während die Bohnen kochen, schon mal das Dressing vorbereiten: Den Knoblauch und den Ingwer schälen und sehr fein hacken. Von den Frühlingszwiebeln die Wurzelbüschel und die welken oberen Teile abschneiden. Die Zwiebeln waschen und in sehr feine Ringe schneiden.

3_Zitrone heiß waschen und abtrocknen, die Hälfte der Schale fein abreiben, 3 EL Saft auspressen. Die Basilikumblättchen abzupfen und in feine Streifen schneiden.

4_Zitronensaft mit dem Senf und dem Olivenöl zu einer cremigen Sauce verschlagen. Ingwer-Knoblauch-Mischung, Basilikum, Zwiebelringe und die Zitronenschale untermischen. Das Dressing mit Salz und Pfeffer würzen.

5_Die Bohnen je nach Größe halbieren oder dritteln, mit dem Dressing mischen und den Salat abschmecken. Am besten mit Huhn oder Schweinefleisch, aber auch mit Räuchertofu oder Tempeh auf den Tisch stellen.

Blumenkohl-salat

Indisch abgeschmeckt

Zutaten für 4 Personen:
1 Blumenkohl (etwa 800 g)
Salz
4 Frühlingszwiebeln
1 Bund Rucola oder 1/2 Bund Zitronenmelisse
1/2 Bio-Zitrone
125 g Naturjoghurt oder saure Sahne
2 TL Öl
je 1 1/2 TL Currypulver und gemahlene Kurkuma
1 Prise Zimtpulver
2 EL Pinienkerne

Zubereitungszeit: 30 Minuten
Kalorien pro Portion: 110 kcal

1_Den Blumenkohl putzen und gründlich abbrausen. Röschen abtrennen, kleiner brechen oder schneiden. Stiel schälen und in 1 cm dicke Scheiben schneiden.

2_Salzwasser zum Kochen bringen und den Blumenkohl darin in etwa 5 Minuten bissfest kochen. In ein Sieb gießen, abschrecken und abtropfen lassen.

3_Von den Frühlingszwiebeln die Wurzel-
büsche und die welken oberen Teile abschneiden. Zwiebeln waschen und in feine
Ringe schneiden. Rucola oder Zitronenmelisse abbrausen, trocken schütteln und
von den dicken Stielen befreien. Rucola
mittelgrob, Zitronenmelisse fein hacken.
Zitrone heiß waschen und abtrocknen, die
Schale fein abreiben, 2 EL Saft auspressen.

4_Joghurt oder saure Sahne mit Zitronenschale und -saft, Öl und den Gewürzen
gut verrühren, mit Salz abschmecken. Den
Blumenkohl mit Rucola oder Melisse und
den Zwiebelringen untermischen.

5_Die Pinienkerne in einer trockenen
Pfanne ohne Fett bei mittlerer Hitze unter
Rühren goldgelb anrösten und auf den
Salat streuen. Der Salat schmeckt gut zu
Schweine- oder Kalbskoteletts, aber auch
zu Hühnerstücken und Fisch wie Lachs.

TIPP

Mediterran wird der Salat, wenn er mit
Olivenöl und mit Chilipulver statt mit
Curry und Kurkuma abgeschmeckt wird.
Auch sehr fein: Sardellenfilets in Öl klein
schneiden und untermischen.

Möhren-
Oliven-Salat

Wie im Orient

Zutaten für 4 Personen:
500 g kleine Möhren
Salz
1 Bio-Orange
2 Knoblauchzehen
1 kleines Bund glatte Petersilie
2 EL frisch gepresster Zitronensaft
Pfeffer
1 Prise Zucker
1/2–1 TL Harissa (wer mag)
4 EL Olivenöl
2–3 EL schwarze Oliven

Zubereitungszeit: 20 Minuten
+ bis zu 1 Tag Marinieren
Kalorien pro Portion: 140 kcal

1_Die Möhren schälen und schräg in
knapp 1 cm dicke Scheiben schneiden.
Mit wenig Wasser und Salz zum Kochen
bringen und zugedeckt bei mittlerer Hitze
in etwa 5 Minuten bissfest garen.

2_Inzwischen die Orange heiß waschen
und abtrocknen, die Schale fein abreiben,
die Hälfte des Safts auspressen. Den
Knoblauch schälen, Petersilie abbrausen
und trocken schütteln. Die Petersilien-
blättchen abzupfen und mit dem Knoblauch sehr fein hacken.

3_Den Zitronen- und Orangensaft mit der
Orangenschale, Salz, Pfeffer, Zucker und
nach Belieben Harissa verrühren. Das Öl
unterschlagen, bis eine cremige Sauce
entstanden ist.

4_Die Möhren in einem Sieb abtropfen
lassen. Dann mit Knoblauch-Petersilien-
Mischung und den Oliven unter die Salatsauce mischen. Den Salat vorm Servieren
am besten einige Zeit durchziehen lassen
– von 1 Stunde bis zu 1 Tag. Der Salat
schmeckt zu Lamm und Huhn.

Gemüsesalat mit Schafskäse

Griechischer Bauernsalat mal ganz klein geschnitten

Zutaten für 4 Personen:
1 kleine Salatgurke (etwa 350 g)
250 g Tomaten
1 gelbe Paprikaschote
4 Frühlingszwiebeln
200 g Schafskäse (Feta)
1 TL getrockneter Oregano
3 EL frisch gepresster Zitronensaft
Salz │ Pfeffer
6 EL Olivenöl
Oliven oder eingelegte Peperoni
zum Belegen (wer mag)

Zubereitungszeit: 20 Minuten
Kalorien pro Portion: 275 kcal

1_Die Gurke waschen oder schälen und die Enden abschneiden. Tomaten waschen und die Stielansätze keilförmig herausschneiden. Die Paprika halbieren und den Stiel, die Trennwände und alle Kerne entfernen, die Hälften waschen. Das Salatgemüse in kleine Würfel schneiden.

2_Von den Frühlingszwiebeln die Wurzelbüschel und die welken oberen Teile abschneiden. Zwiebeln waschen und fein schneiden. Käse in kleine Stücke krümeln.

3_Den Oregano mit den Fingern zerrebeln und mit dem Zitronensaft, Salz und Pfeffer gut verrühren. Das Öl unterschlagen, bis eine cremige Sauce entstanden ist.

4_Gemüsewürfel, Zwiebeln und Käse mit der Sauce mischen, Salat abschmecken. Wer mag, legt vorm Servieren noch ein paar Oliven oder Peperoni dazu oder obendrauf. Der Salat passt zu Schweinekoteletts, Hackpflanzerl, Lamm, Würstchen.

VARIANTE: Tomatensalat mit Ziegenkäse

600 g Tomaten waschen und achteln, dabei die Stielansätze entfernen. 1 Bund Frühlingszwiebeln waschen, putzen und in feine Ringe schneiden. Von 1/2 Bund Basilikum die Blättchen abzupfen und hacken. 2 EL frisch gepressten Zitronensaft, 1 TL Honigsenf, Salz, Pfeffer und 5 EL Olivenöl zu einer Salatsauce verrühren. Mit Tomaten, Zwiebeln und Basilikum vermischen. 150 g Ziegenfrischkäse in kleine Stücke teilen und aufstreuen.

Rotkrautsalat

Bringt Farbe in die Krautsalatküche

Zutaten für 4 Personen:
1 kleiner Kopf Rotkohl (etwa 700 g)
Salz
1 großes Bund glatte Petersilie
4 Frühlingszwiebeln
2 Knoblauchzehen
1 EL Honigsenf oder scharfer Senf
2 EL frisch gepresster Zitronensaft
Pfeffer
2 EL Öl
2 EL Sahne (oder entsprechend mehr Öl)

Zubereitungszeit: 30 Minuten
+ 30 Minuten Durchziehen
Kalorien pro Portion: 120 kcal

1_Vom Kohl alle welken Blätter entfernen. Den Kohl vierteln, aus jedem Viertel den Strunk in der Mitte herausschneiden. Kohl mit einem Küchenhobel in dünnen Streifen in eine Schüssel hobeln. Mit 2 TL Salz vermischen und mit den Händen so lange kräftig durchkneten, bis die Streifen anfangen, geschmeidig zu werden. Den Kohl 30 Minuten durchziehen lassen.

2_Dann Petersilie abbrausen und trocken schütteln, die Blättchen abzupfen und fein hacken. Von den Frühlingszwiebeln die Wurzelbüschel und die welken oberen Teile abschneiden. Die Zwiebeln waschen und in feine Ringe schneiden.

3_Knoblauch schälen und durchpressen. Mit dem Senf, dem Zitronensaft, Salz und Pfeffer verrühren. Das Öl und die Sahne kräftig unterschlagen. Die Sauce mit der Petersilie und den Zwiebelringen unter die Kohlstreifen rühren, abschmecken. Der Salat passt zu Schweinesteaks und -koteletts, zu Würstchen und zu Gemüse wie Kürbis oder zu Pilzen.

VARIANTE: Krautsalat mit Speckwürfeln

Den Rotkohl durch Weißkohl ersetzen, hobeln und mit Salz kneten. 50 g durchwachsenen Räucherspeck in kleine Würfel schneiden und in 1 EL Öl bei schwacher Hitze glasig und nur leicht braun werden lassen. Mit 2 EL Weißwein- oder Apfelessig und 2 EL Fleisch- oder Gemüsebrühe ablöschen, salzen, pfeffern und unter das Kraut mischen. Abschmecken. Wer mag, kann auch ein paar Kümmelsamen mit unterm'schen.

Kichererbsen-salat

Mediterrane Beilage

Zutaten für 4 Personen:
400 g Kichererbsen (aus der Dose)
4 eingelegte Artischockenherzen (aus dem Glas oder von der Feinkosttheke)
150 g geröstete rote Paprikaschoten (selbst gegrillt wie auf Seite 100 beschrieben oder aus dem Glas)
200 g Kirschtomaten
1 Bund Basilikum
2 EL frisch gepresster Zitronensaft oder Balsamico bianco
Salz | Pfeffer | 4 EL Olivenöl
2 EL schwarze oder grüne Oliven

Zubereitungszeit: 20 Minuten
Kalorien pro Portion: 435 kcal

1_Die Kichererbsen in ein Sieb schütten und gründlich abbrausen, bis das Einlegewasser komplett abgewaschen ist. Kichererbsen abtropfen lassen.

2_Artischockenherzen und Paprika in Streifen schneiden. Die Tomaten waschen und vierteln. Die Basilikumblättchen abzupfen und in kleinere Stücke zupfen.

3_Für das Dressing den Zitronensaft oder Balsamico mit Salz und Pfeffer verrühren. Das Öl unterschlagen, bis eine cremige Sauce entstanden ist.

4_Kichererbsen, Artischocken, Paprika und Tomaten mit dem Basilikum unters Dressing mischen, Salat abschmecken. Und jetzt noch die Oliven aufstreuen. Der Kichererbsensalat schmeckt sehr gut zu Lamm- oder Rindersteaks, aber auch zu Halloumi oder Tempeh.

TIPPs

Noch würziger wird der Salat, wenn er statt mit Oliven mit Sardellenfilets in Öl garniert wird. Oder gleich Oliven und Sardellenfilets in kleinen Schälchen mit auf den Tisch stellen und jeden selbst entscheiden lassen.
Auch fein: Statt der Artischockenherzen 100–150 g halbierte Egerlinge in der Alugrillschale grillen (wie auf Seite 78 beschrieben) und mit den restlichen Salatzutaten mischen.

Rezeptregister von A – Z

Damit Sie Rezepte mit ganz bestimmten Zutaten noch schneller finden können, stehen in diesem Register zusätzlich auch beliebte Zutaten wie **Hähnchen** und **Kräuter** sowie Grill-Extras wie **Glasuren** – ebenfalls alphabetisch geordnet und hervorgehoben – über den entsprechenden Rezepten.

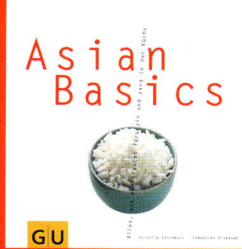

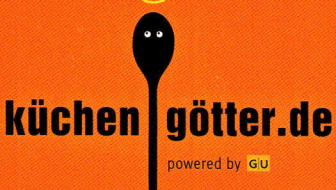

Impressum

Das Basic-Autorenteam

Cornelia Schinharl: Kochbuchautorin seit vielen Jahren – und ebenso lange mit ihren wunderbaren Rezepten in GU-Büchern vertreten. Die Basic-cooking-Reihe verfasst sie gemeinsam mit Sebastian Dickhaut.
cornelia.schinharl@t-online.de

Sebastian Dickhaut: Autor und Journalist in unterschiedlichsten Medien, die mit Essen und Trinken zu tun haben, vom Kochbuch über den eigenen Foodblog bis hin zum Kochbüro mit Kochkursen. Bei GU schreibt er seit vielen Jahren die Basic-cooking-Reihe gemeinsam mit Cornelia Schinharl.
info@sebastian-dickhaut.de
www.sebastian-dickhaut.de
www.küchengötter.de

Sabine Sälzer	Projektleitung
engels + partner, Thomas Jankovic	Gestaltung & Layout, Cover, Illus
Redaktionsbüro Christina Kempe	Lektorat, Satz/DTP, Gestaltung
Barbara Bonisolli Anja Prestel Hans Gerlach Alexander Kühn	Foodfotografie Fotoassistenz Foodstyling Assistenz Foodstyling
Alexander Walter Maximilian Prechtel	Peoplefotografie Fotoassistenz
Sabine Sälzer Stefanie Schönemann	Food & Styling bei der People-Fotoproduktion
Susanne Mühldorfer	Herstellung
Petra Bachmann Repro Druck und Bindung	Schlusskorrektur Repro Ludwig Druckhaus Kaufmann

Herzlichen Dank ...
... an Familie Öttl, die uns ihren wunderschönen Garten mit Bergblick und Seenähe fürs Grillen und Fotografieren zur Verfügung gestellt hat.

Die BBQ-Basic-Models:
Janna Martin mit Töchterchen Amira
Maike Damm
Renate Hutt
Lars Grunewald

Familie Pfannenstiel-Schwarz: Barbara und Florian mit den Töchtern Paula und Amelie Als Gäste (Seite 46): Amelie und Hannah Walter, Robert Sälzer

Bildnachweis:

Barbara Bonisolli: alle Rezeptfotos im Studio, Stepfotos auf S. 12/13, Motiv auf S. 118
Dank vom Studio Bonisolli an die Firma eva solo, die freundlicherweise einen Tischgrill und diverse Utensilien zur Verfügung gestellt hat.

Alexander Walter: alle Peoplefotos mit den Basic-Models; außerdem die Fotomotive auf S. 4/5, 14/15, 18, 24/25, 28, 31, 33, 36 Mitte, 41, 43 links, 52 Mitte, 55 links, 73 links, 79 rechts, 81, 83, 87 links, 89 links und rechts, 95 links, 98, 100, 103 links und rechts, 105 links, 107 links, 113 rechts, 115 links, 127 links und rechts, 135 links und rechts, 137 links

Thomas Jankovic (engels + partner): Cover-Zitrone, alle Illustrationen

© 20010 GRÄFE UND UNZER VERLAG GmbH, München.

ISBN   978-3-8338-2162-2

1. Auflage 2011

Unsere Garantie

Alle Informationen in diesem Ratgeber sind sorgfältig und gewissenhaft geprüft. Sollte dennoch einmal ein Fehler enthalten sein, schicken Sie uns das Buch mit dem entsprechenden Hinweis an unseren Leserservice zurück. Wir tauschen Ihnen den GU-Ratgeber gegen einen anderen zum gleichen oder ähnlichen Thema um.

Liebe Leserin und lieber Leser,

wir freuen uns, dass Sie sich für ein GU-Buch entschieden haben. Mit Ihrem Kauf setzen Sie auf die Qualität, Kompetenz und Aktualität unserer Ratgeber. Dafür sagen wir Danke! Wir wollen als führender Ratgeberverlag noch besser werden. Daher ist uns Ihre Meinung wichtig. Bitte senden Sie uns Ihre Anregungen, Ihre Kritik oder Ihr Lob zu unseren Büchern. Haben Sie Fragen oder benötigen Sie weiteren Rat zum Thema? Wir freuen uns auf Ihre Nachricht!

Wir sind für Sie da!
Montag–Donnerstag: 8.00–18.00 Uhr;
Freitag: 8.00–16.00 Uhr
Tel.: 0180–5005054*
Fax: 0180–5012054*
E-Mail: leserservice@graefe-und-unzer.de

*(0,14 €/Min. aus dem dt. Festnetz/Mobilfunkpreise maximal 0,42 €/Min.)

PS: Wollen Sie noch mehr Aktuelles von GU wissen, dann abonnieren Sie doch unseren kostenlosen GU-Online-Newsletter und/oder unsere kostenlosen Kundenmagazine.

GRÄFE UND UNZER VERLAG
Leserservice
Postfach 86 03 13
81630 München

GRÄFE UND UNZER

Ein Unternehmen der
GANSKE VERLAGSGRUPPE

Auf den Grill – fertig – los!

Der BBQ-Quickstart

1. **Vorfeuer entfachen**
Zerknäultes Zeitungspapier in der Grillschale aufhäufen, dabei eingedrehte Papierstreifen als „Zündschnüre" herausragen lassen. Eventuell noch etwas festen Grillanzünder ins Papier stecken. Drumherum trockene Ästchen zur Pyramide aufbauen und locker mit Holzkohle bedecken. Papierstreifen anzünden und warten, bis das Papier die Äste entflammt.

2. **Glut erzeugen**
Sobald die Holzkohle Feuer fängt, in die Flamme blasen – erst behutsam und stetig, dann kräftiger mit Pausen. Glüht die Kohle, kommt mehr davon darüber. Ist auch diese angeglüht, wird die ganze Kohle in der Grillschale verteilt. Bildet sich weiße Asche darauf, hat die Kohle für die nächsten 30–50 Minuten die richtige Grilltemperatur. Zum Nachschüren Holzkohle am Rand dazulegen und dort zum Glühen bringen.

3. **Grillgut grillen**
Vorbereitetes Grillgut (Mariniertes abtropfen lassen/ kurz trocken tupfen) auf den Grillrost legen und nach Rezeptanleitung grillen. Passende Hitze und Rosthöhe: siehe Rezepte und „Unsere Grillstufen" (Kasten unten). Garzeiten: siehe Rezepte. Tipp: Fisch sollte so selten wie möglich gewendet werden, da er leicht zerfallen kann. Und Fleisch nach dem Garen idealerweise noch 5–10 Minuten in Folie ruhen lassen.

UNSERE GRILLSTUFEN

In den Rezepten werden Hitzestufen genannt, die durch Verstellen des Rosts und somit durch den Abstand zur Glut geregelt werden:

Starke Hitze: der Rost hängt 10–15 cm über der Glut

Mittlere Hitze: der Rost hängt etwa 20 cm über der Glut

Geringe Hitze: der Rost hängt etwa 20 cm über der Glut, zugleich das Grillgut nicht direkt über der Glut platzieren (siehe auch rechts bei „Indirektes Grillen")

Was brauche ich zum Grillen?

Holzkohle (gleichmäßig groß, am besten aus hartem Holz, etwa Buche) oder **Grillbriketts** (zerkleinerte gepresste Holzkohle, brennt länger als Holzkohle)

Grillanzünder – natürlich aus Papier und Holz (siehe links unter „Vorfeuer entfachen") oder chemisch als feste Stücke oder als Gel

eine Zange zum Wenden, die gut greift und gut zu greifen ist; zudem sollte sie ausreichend lang sein, damit man sich nicht verbrennt

einen Wender aus Metall für empfindliche Stücke wie Fischfilets

eine Fleischgabel für richtig große Stücke (nicht für Steaks, da tritt beim Aufspießen sonst der Fleischsaft aus)

Pinsel (am besten aus Metall mit Silikonborsten) zum Bestreichen

Schaschlikspieße aus Holz (1 Stunde vorwässern) oder Metall

Grillkörbe für ganze Fische oder kleine Stücke wie Garnelen

einen Grillspieß für große Braten (vierkantig, damit nichts verrutscht)

Grillhandschuhe mit längeren „Ärmeln"und gutem Schutz vor Hitze

Alufolie extrastark für Päckchen mit Fisch, Gemüse, Obst oder Käse

Alugrillschalen, um Empfindliches oder Fettes zu grillen

Pfeffer, Salz und **Öl** zum Würzen bzw. Einfetten von Rost & Co.

Schüsseln, Schalen und **Platten** zum Marinieren, Ruhen, Servieren

Grillreiniger zum Säubern – vom Topfreiniger bis zur Profi-Bürste

Grillen mit Gas oder Strom

Gasgrills werden rund 5 Minuten vorgeheizt, bis die Keramik- oder Lavasteine und der Rost die richtige Hitze erreicht haben. Elektrogrills nach Herstellerangaben vorheizen, dabei darauf achten, dass Wasser in der Auffangschale ist. Gegrillt wird dann wie mit Holzkohle.

Indirektes Grillen

Dabei wird das Grillgut – meist größere Stücke – bei mittlerer Hitze auf dem Rost angegrillt und anschließend unterm Deckel abseits der Kohle – also bei geringer Hitze – fertig gegart. Dafür kann bei Kugelgrills ein Glutring geformt werden, in dessen Mitte das Grillgut liegt, oder die Kohle wird in der Mitte aufgehäuft und das Grillgut kommt nach außen auf den Rost. Bei Gasgrills wird einer der Brenner abgeschaltet und auf diese Stelle des Rosts dann die Grillstücke gelegt.